奇哉此乃神州

著名经济学家张五常题字

　　品牌营销是降低交易成本和提升产品附加价值的利器，近年来这已成为商场战略的一个热门话题。《2小时品牌素养》用了许多清晰易懂的案例故事来讲解美国营销专家艾·里斯和杰克·特劳特于20世纪60年代末期提出，并被业界广泛认同的"品牌定位理论"，读来饶有兴味。我相信，它会是一本在讨论我国企业经营战略时有用的参考读物。

吴敬琏

中欧国际工商学院宝钢经济学讲席教授

　　凡事没有好坏之分，只有做得好坏之分，中国制造要实现向中国创造的转变，除了研发，还必须打造自己的国际品牌。看了这本书，则把这件事厘清了，弄明白了，更有利于大家聚焦，找到问题的关键。品牌的聚焦是重点，一个品牌只能对应一个心智，一个心智只能对应一个品牌。

冯 军

北京华旗资讯（爱国者）数码科技有限公司总裁

2小时其实很短，大概可以参加一次晚宴，或看一部大片，或看一场足球比赛……花2小时阅读完邓德隆先生的这本定位理论普及读本，深为自己的"口福"而陶醉——邓先生用极通俗自然的文字和业界众所周知的案例，把现代定位理论创始人特劳特先生在《定位》等著作中表达的定位的本质、方法、演变和常见误区清晰地呈现在我的面前，其文采飞扬如佳肴色鲜，其内容震撼如美味刺激！读完此书犹如吃下北京目前最流行的"麻辣香锅"，感觉只能用京剧票友常见的赞美之词来表达：好！……

叶 齐

特步（中国）有限公司副总裁、营销总监

成功的人生一定有准确的个人定位，成功的企业一定有准确的品牌定位。有幸拜读邓德隆先生的《2小时品牌素养》一书，感觉很有收获，邓先生在书中从"定位"的角度对品牌进行了新的诠释，使我对中国黄酒这一传统产业的发展又有了新的思考和认识。

傅祖康
会稽山绍兴酒股份有限公司总经理

《2小时品牌素养》以活生生的市场案例勾勒出特劳特定位的原理、方法及核心技术。定位的本质是解决占有消费者心智资源的问题；品牌的本质是解决心智资源占有数量和质量的问题。很大意义上来说，定位是因，品牌是果。此书对企业家和职业经理人是一道回味无穷的佳肴，不妨反复细品。

李志民
奇正藏药总经理

一口气读完这本书，发现很多同仁甚至跨国公司的品牌建设观念都走入了误区。如何在品牌建设方面精准定位，牢牢把握住顾客的心智资源，犹如千军万马中直取敌军上将首级，这就是此书带给我的震撼。有了正确的观念、方法和技巧，我想做品牌就会变得轻松起来。如何操刀并让你的企业品牌出类拔萃且保持长青，我相信这本书会给每位读者带来启发，我和我的企业也从中受益匪浅。

赵东旺

上海金丝猴食品股份有限公司董事长兼总经理

组织的定位能力决定生存能力，我们要像普及教育一样来普及品牌定位知识。《2小时品牌素养》无疑是很好的中国版的品牌定位教科书，书中提出了品牌定位的理论架构，指出品牌定位的三种方法，打造世界级品牌的三条出路及七大观念误区。作者实战经验丰富，个案分析精辟，操作简单易行，文字朴素流畅，企业界、商业界、教育界和一切对品牌感兴趣的人士都应当读这本书。先读者，必将先受益。

李 平

谭木匠控股有限公司品牌总监

古有"得民心者得天下"，今有"得顾客心智者得市场"。本书旨在告诉品牌经营者如何遵循一些规律去赢得消费者的心智，有助于帮助企业创建品牌的价值系统。

陈　频
艾莱依集团总裁

未来竞争，战略制胜，关键在于定位，在于占领消费者心智。定位准了，方向对了，成功则指日可待。《2小时品牌素养》能帮助我们找准定位，找对定位，找好定位！

邓　嵘
重庆登康口腔护理用品股份有限公司（冷酸灵牙膏）总经理

在浮躁的消费时代，品牌间的角逐，不仅仅是产品、价格、渠道、传播的比拼，其根本上是对消费者心智资源的争夺。本书凭借其独特的思考维度，及较完善的理论体系，让品牌从根本上找到属于自己的消费者心智。老板电器正深研定位之道，探寻大器之路，望实现品牌之蓝图。"树高百丈全在根"，愿"定位"根植本土，为中国品牌发展谱写耀人篇章。

任建华
杭州老板电器股份有限公司董事长

本书指出品牌之道的核心在于能够夺取消费者心智资源，并给出了如何创建品牌的系统知识，加之有诸多案例印证，是恰逢其时的好书。

王许飞

三金药业总经理

在中国，邓德隆先生是定位理论矻矻以求普及推广的第一人！在企业全面转型和产业升级时代，企业唯有坐拥专业化而非多元化的品牌，才能最终成就伟业！盘点改革开放30多年来中国企业的成长史，对于定位理论的研究和运用仍然凤毛麟角。企业成败的案例已经证明：能否在大变动时代实现有效的定位，成为所有企业面临的更加迫切的问题。谁将赢得下一个30年？就看企业是不是专业、专注、专心去做自己最专长的事！

仇广纯

西洋集团副总经理

从事广告行业15年，服务了100多个著名品牌。读完《2小时品牌素养》，回过头再一看：但凡一个成功的企业，或者一个成功的企业家，都不同程度地遵循并且坚持了品牌定位理论的精髓，并都视品牌为主要的竞争工具。我这里所说的成功企业，并不是所谓的大企业（规模巨大或无所不能），而是拥有深深占领了消费者心智资源的强势品牌。这样的成功企业，至少能有很好的利润、长久的生存基础，因而一定拥有真正的竞争优势。

胡栋龙

三人行广告有限公司董事长

在两年多前，我有幸跟邓德隆老师在深圳认识，就我们金龙鱼的战略进行过一段交流。当时邓老师送了我一本书，就是《2小时品牌素养》。几个小时内我就把那本书看完了，一边看，一边针对我们的企业在品牌的管理上做对比，应该说让我学到了很多东西。

李福官

益海嘉里粮油（深圳）有限公司董事长

定位经典丛书
对美国营销影响巨大的观念

第3版

2小时品牌素养

POSITIONING IN CHINA

邓德隆◎著

机械工业出版社
CHINA MACHINE PRESS

本书系统发布了有关中国企业的品牌竞争力分析报告，揭示了中国一流企业在品牌战略上面临的危机，提出了定位突围之道和实践方法。全书分上下两篇，上篇详细分析了定位的原理，给出定位的三种方法，并特别为中国企业走向世界指出了三条出路；下篇以王老吉品牌战略历程为例，细致论述了一个品牌打造的完整过程，并就品牌实践中的许多关键问题进行了阐述和研讨。作为兼顾理论和实践的第3版，本书简明而完整地提供了关于品牌打造的专业知识，兼具入门工具与指导手册之效。

图书在版编目（CIP）数据

2小时品牌素养 / 邓德隆著．—3版．—北京：机械工业出版社，2011.8
（2025.1重印）

（定位经典丛书）

ISBN 978-7-111-35676-9

Ⅰ.2… Ⅱ.邓… Ⅲ.品牌战略－研究－中国 Ⅳ.F279.23

中国版本图书馆CIP数据核字（2011）第166553号

机械工业出版社（北京市西城区百万庄大街22号 邮政编码 100037）

责任编辑：宁 姗 版式设计：刘永青

北京盛通数码印刷有限公司印刷

2025年1月第3版第35次印刷

170mm×242mm · 16.25印张（含0.5印张插页）

标准书号：ISBN 978-7-111-35676-9

定价：59.00元

客服电话：（010）88361066 68326294

目录

POSITIONING

中国企业需要更好地掌握如何在顾客和潜在顾客的心智中建立品牌和认知，如何应对国内及国际上无处不在的竞争。

这也正是我的许多书能够发挥作用的地方。它们都是关于如何通过在众多竞争者中实现差异化来定位自己的品牌；它们都是关于如何保持简单、如何运用常识以及如何寻求显而易见又强有力的概念。总的来讲，无论你想要销售什么，它们都会告诉你如何成为一个更好的营销者。

我的中国合伙人邓德隆先生正将其中的很多理论在中国加以运用，他甚至为企业家开设了"定位"培训课程。但是，中国企业如果要建立自己的品牌，正如你们在日本、韩国和世界其他地方所看到的那些品牌，你们依然有很长的路要走。

杰克·特劳特

致中国读者 POSITIONING

马克思的伟大贡献在于，他深刻地指出了，以生产工具为标志的生产力的发展，是社会存在的根本柱石，也是历史的第一推动力——哲学家李泽厚如是总结马克思的唯物史观。

第一次生产力革命：泰勒"科学管理"

从唯物史观看，赢得第二次世界大战（以下简称"二战"）胜利的关键历史人物并不是丘吉尔、罗斯福与斯大林，而是弗雷德里克·泰勒。泰勒的《科学管理原理》⊖掀起了人类工作史上的第一次生产力革命，大幅提升了体力工作者的生产力。在泰勒之前，人类的精密制造只能依赖于能工巧匠（通过师傅带徒弟的方式进行培养，且人数不多），泰勒通过将复杂的工艺解构为生产简单的零部件后再组装的方式，使得即便苏格拉底或者鲁班再世恐怕也未必能造出来的智能手机、电动汽车，现在连普通的农民工都可以大批量制造出来。"二战"期间，美国正是全面运用了泰勒"更聪明地工作"方法，使得美国体力工作者的生产力爆炸式提高，远超其他国家，美国一国产出的战争物资比其他所有参战国的总和还要多——这才是"二战"胜利的坚实的物质基础。

欧洲和日本也正是从"二战"的经验与教训中，认识到泰勒工作方法的极端重要性。两者分别通过"马歇尔计划"和爱德华·戴明，引入了泰勒的作业方法，这才有了后来欧洲的复兴与日本的重新崛起。

⊖　本书中文版已由机械工业出版社出版。

包括20世纪80年代崛起的"亚洲四小龙",以及今日的"中国经济奇迹",本质上都是将体力工作者的生产力大幅提升的结果。

泰勒的贡献不止于此,根据唯物史观,当社会存在的根本柱石——生产力得到发展后,整个社会的"上层建筑"也将得到相应的改观。在泰勒之前,工业革命造成了资产阶级与无产阶级这两大阶级的对峙。随着生产力的发展,体力工作者收入大幅增加,工作强度和时间大幅下降,社会地位上升,并且占据社会的主导地位。原来的"哑铃型社会"充满了斗争与仇恨,后来的"橄榄型社会"则相对稳定与和谐——体力工作者生产力的提升,彻底改变了社会的阶级结构,形成了我们所说的发达国家。

体力工作者工作强度降低,人类的平均寿命因此相应延长。加上工作时间的大幅缩短,这"多出来"的许多时间,主要转向了教育。教育时间的大幅延长,催生了一场更大的"上层建筑"的革命——知识社会的出现。1959年美国的人口统计显示,靠知识(而非体力)"谋生"的人口超过体力劳动者,成为劳动人口的主力军,这就是我们所说的知识社会。目前,体力工作者在美国恐怕只占10%左右了。知识社会的趋势从美国为代表的发达国家开始,向全世界推进。

第二次生产力革命:德鲁克"组织管理"

为了因应知识社会的来临,彼得·德鲁克创立了管理这门独立的学科(核心著作是《管理的实践》及《卓有成效的管理者》[⊖]),管理学科的系统建立与广泛传播大幅提升了组织的生产力,使社会能容纳如此巨大的知识群体,并让他们创造绩效成为可能,这是人类史上第二次"更聪明地工作"。

⊖ 这两本书中文版已由机械工业出版社出版。

在现代社会之前，全世界最能吸纳知识工作者的国家是中国。中国自汉代以来的文官制度，在隋唐经过科举制定型后，为知识分子打通了从最底层通向上层的通道。这不但为社会注入了源源不断的活力，也为人类创造出了光辉灿烂的文化，是中国领先于世界的主要原因之一。在现代社会，美国每年毕业的大学生就高达百万以上，再加上许多在职员工通过培训与进修，从体力工作者转化为知识工作者的人数就更为庞大了。特别是"二战"后实施的《退伍军人权利法案》，几年间将"二战"后退伍的军人几乎全部转化成了知识工作者。如果没有高效的管理，整个社会将因无法消化这么巨大的知识群体而陷入危机。

通过管理提升组织的生产力，现代社会不但消化了大量的知识群体，甚至还创造出了大量的新增知识工作的需求。与体力工作者的生产力是以个体为单位来研究并予以提升不同，知识工作者的知识本身并不能实现产出，必须借助组织这个"生产单位"来利用他们的知识，才可能产出成果。正是管理学让组织这个生产单位创造出应有的巨大成果。

要衡量管理学的成就，我们可以将20世纪分为前后两个阶段来进行审视。20世纪前半叶是人类有史以来最血腥、最残暴、最惨无人道的半个世纪，短短50年的时间内居然发生了两次世界大战，最为专制独裁及大规模的种族灭绝都发生在这一时期。反观"二战"后的20世纪下半叶，以及21世纪直到2008年金融危机为止的这段时期，人类享受了长达近60年的经济繁荣与社会稳定。虽然地区摩擦未断，但世界范围内的大战毕竟得以幸免。究其背后原因，正是通过恰当的管理，构成社会并承担了具体功能的各个组织，无论是企业、政府、医院、学校，还是其他非营利机构，都能有效地发挥应有的功能，同时让知识工作者获得成就和满足感，从而确保了社会的和谐与稳定。20世纪上半叶付出的代价，本质上而言是人类从农业社会转型为工业社会缺乏恰当的组织管理所引发的社会功能紊乱。20世纪下半叶，人类从工业社会转型为知识社会，虽然其剧变程度更烈，但是因为有了管理，乃至于平稳地被所有的历史学家忽略了。如果没有管理学，历史的经验告诉我们，20世纪下半叶，很有可能会像上半叶一样令我们这些身处其中的人不寒而栗。不同于之前的两次大战，现在我们已具备了足以多次毁灭整个人类的能力。

生产力的发展、社会基石的改变，照例引发了"上层建筑"的变迁。首先是所有制方面，资本家逐渐无足轻重了。在美国，社会的主要财富通过养老基金的方式被知识员工所持有。从财富总量上看，再大的企业家（如比尔·盖茨、巴菲特等巨富）与知识员工持有的财富比较起来，也只是沧海一粟而已。更重要的是，社会的关键资源不再是资本，而是知识。社会的代表人物也不再是资本家，而是知识精英或各类顶级专才。整个社会开始转型为"知识社会"。社会不再由政府或国家的单一组织治理或统治，而是走向由知识组织实现自治的多元化、多中心化。政府只是众多大型组织之一，而且政府中越来越多的社会功能还在不断外包给各个独立自治的社会组织。如此众多的社会组织，几乎为每个人打开了"从底层通向上层"的通道，意味着每个人都可以通过获得知识而走向成功。当然，这同时也意味着不但在同一知识或特长领域中竞争将空前激烈，而且在不同知识领域之间也充满着相互争辉、相互替代的竞争。

正如泰勒的成就催生了一个知识社会，德鲁克的成就则催生了一个竞争社会。对于任何一个社会任务或需求，你都可以看到一大群管理良好的组织在全球展开争夺。不同需求之间还可以互相替代，一个产业的革命往往来自另一个产业的跨界打劫。这又是一次史无前例的社会巨变！人类自走出动物界以来，上百万年一直处于"稀缺经济"的生存状态中。然而，在短短的几十年里，由于管理的巨大成就，人类居然可以像儿童置身于糖果店中一般置身于"过剩经济"的"幸福"状态中。然而，这却给每家具体的企业带来了空前的生存压力——如何在激烈的竞争中存活下去。人们呼唤第三次生产力革命的到来。

第三次生产力革命：特劳特"定位"

对于企业界来说，前两次生产力革命，分别通过提高体力工作者和知识工作者的生产力，大幅提高了企业内部的效率，使得企业可以更好更快地满足顾客需求。这两次生产力革命的巨大成功警示企业界，接下来他们即将面临的最重大的挑战，将从管理企业的内部转向管理企业的外部，也就是顾客。德鲁克说"企业存在的唯一目的是创造顾客"，而特劳特定位理论将为企业创造顾客提供一种新的强大的生产工具。

竞争重心的转移

在科学管理时代，价值的创造主要在于多快好省地制造产品，因此竞争的重心在工厂，工厂同时也是经济链中的权力中心，生产什么、生产多少、定价多少都由工厂说了算，销售商与顾客的意愿无足轻重。福特的名言是这一时代权力掌握者的最好写照——你可以要任何颜色的汽车，只要它是黑色的。在组织管理时代，价值的创造主要在于更好地满足顾客需求，相应地，竞争的重心由工厂转移到了市场，竞争重心的转移必然导致经济权力的同步转移，离顾客更近的渠道商就成了经济链中的权力掌握者。互联网企业家巨大的影响力并不在于他们的财富之多,而在于他们与世界上最大的消费者群体最近。而现在,新时代的竞争重心已由市场转移至心智,经济权力也就由渠道继续前移,转移至顾客,谁能获取顾客心智的力量,谁就能摆脱渠道商的控制而握有经济链中的主导权力。在心智时代,顾客选择的力量掌握了任何一家企业、任何渠道的生杀大权。价值的创造,一方面来自企业因为有了精准定位而能够更加高效地使用社会资源,另一方面来自顾客交易成本的大幅下降。

选择的暴力

杰克·特劳特在《什么是战略》⊖开篇中描述说:"最近几十年里,商业发生了巨变,几乎每个品类可选择的产品数量都有了出人意料的增长。例如,在 20 世纪 50 年代的美国,买小汽车就是在通用、福特、克莱斯勒或美国汽车这四家企业生产的车型中挑选。今天,你要在通用、福特、克莱斯勒、丰田、本田、大众、日产、菲亚特、三菱、雷诺、铃木、宝马、奔驰、现代、大宇、马自达、五十铃、起亚、沃尔沃等约 300 种车型中挑选。"甚至整个汽车品类都将面临高铁、短途飞机等新一代跨界替代的竞争压力。汽车业的情形,在其他各行各业中都在发生。移动互联网的发展,更是让全世界的商品和服务来到我们面前。如何对抗选择的暴力,从竞争中胜出,赢得顾客的选择而获取成长的动力,就成了组织生存的前提。

这种"选择的暴力",只是展示了竞争残酷性的一个方面。另一方面,知识社会带来的信息爆炸,使得本来极其有限的顾客心智更加拥挤不堪。根据哈佛大学心理学博士米勒的研究,顾客心智中最多也只能为每个品类留下七个品牌空间。而特劳特先生进一步发现,随着竞争的加剧,最终连七个品牌也容纳不下,只能

⊖ 本书中文版已由机械工业出版社出版。

给两个品牌留下心智空间，这就是定位理论中著名的"二元法则"。在移动互联网时代，特劳特先生强调"二元法则"还将演进为"只有第一，没有第二"的律则。任何在顾客心智中没有占据一个独一无二位置的企业，无论其规模多么庞大，终将被选择的暴力摧毁。这才是推动全球市场不断掀起并购浪潮的根本力量，而不是人们通常误以为的是资本在背后推动，资本只是被迫顺应顾客心智的力量。特劳特先生预言，与未来几十年相比，我们今天所处的竞争环境仍像茶话会一般轻松，竞争重心转移到心智将给组织社会带来空前的紧张与危机，因为组织存在的目的，不在于组织本身，而在于组织之外的社会成果。当组织的成果因未纳入顾客选择而变得没有意义甚至消失时，组织也就失去了存在的理由与动力。这远不只是黑格尔提出的因"历史终结"带来的精神世界的无意义，而是如开篇所引马克思的唯物史观所揭示的，关乎社会存在的根本柱石发生了动摇。

走进任何一家超市，或者打开任何一个购物网站，你都可以看见货架上躺着的大多数商品，都是因为对成果的定位不当而成为没有获得心智选择力量的、平庸的、同质化的产品。由此反推，这些平庸甚至是奄奄一息的产品背后的企业，及在这些企业中工作的人们，他们的生存状态是多么地令人担忧，这可能成为下一个社会急剧动荡的根源。

吊诡的是，从大数据到人工智能等科技创新并没能缓解这一问题。原因很简单，新科技的运用进一步提升了组织内部的效率，而组织现在面临的挑战主要不在内部，而是外部的失序与拥挤。和过去的精益生产、全面质量管理、流程再造等管理工具一样，这种提高企业内部效率的"军备竞赛"此消彼长，没有尽头。如果不能精准定位，企业内部效率提高再多，也未必能创造出外部的顾客。

新生产工具：定位

在此背景下，为组织准确定义成果、化"选择暴力"为"选择动力"的新生产工具——定位（positioning），在 1969 年被杰克·特劳特发现，通过大幅提升企业创造顾客的能力，引发第三次生产力革命。在谈到为何采用"定位"一词来命名这一新工具时，特劳特先生说："《韦氏词典》对战略的定义是针对敌人（竞争对手）确立最具优势的位置（position）。这正好是定位要做的工作。"在（组织外部的）顾客心智中针对竞争对手确定最具优势的位置，从而使企业胜出竞争赢得优先选择，为企业源源不断地创造顾客，这是企业需全力以赴实现的成果，也是企业赖以存在的根本理由。特劳特先生的核心著作是《定位》[○]《商战》[○]和《什么是战略》，我推荐读者从这三本著作开始学习定位。

定位引领战略

1964 年，德鲁克出版了《为成果而管理》[○]一书，二十年后他回忆说，其实这本书的原名是《商业战略》，但是出版社认为，商界人士并不关心战略，所以说服他改了书名。这就是当时全球管理界的真实状况。然而，随着前两次生产力革命发挥出巨大效用，产能过剩、竞争空前加剧的形势，迫使学术界和企业界开始研究和重视战略。一时间，战略成为显学，百花齐放，亨利·明茨伯格甚至总结出了战略学的十大流派，许多大企业也建立了自己的战略部门。战略领域的权威、哈佛商学院迈克尔·波特教授总结了几十年来的研究成果，清晰地给出了一个明确并且被企业界和学术界最广泛接受的定义："战略，就是创造一种独特、有利的定位。""最高管理层的核心任务是制定战略：界定并宣传公司独特的定位，进

行战略取舍，在各项运营活动之间建立配称关系。"波特同时指出了之前战略界众说纷纭的原因，在于人们未能分清"运营效益"和"战略"的区别。提高运营效益，意味着比竞争对手做得更好；而战略意味着做到不同，创造与众不同的差异化价值。提高运营效益是一场没有尽头的军备竞赛，可以模仿追赶，只能带来短暂的竞争优势；而战略则无法模仿，可以创造持续的长期竞争优势。

定位引领运营

企业有了明确的定位以后，几乎可以立刻识别出企业的哪些运营动作加强了企业的战略，哪些运营动作没有加强企业的战略，甚至和战略背道而驰，从而做到有取有舍，集中炮火对着同一个城墙口冲锋，"不在非战略机会点上消耗战略竞争力量"（任正非语）。举凡创新、研发、设计、制造、产品、渠道、供应链、营销、投资、顾客体验、人力资源等，企业所有的运营动作都必须能够加强而不是削弱定位。

比如美国西南航空公司，定位明确之后，上下同心，围绕定位建立了环环相扣、彼此加强的运营系统：不提供餐饮、不指定座位、无行李转运、不和其他航空公司联程转机、只提供中等规模城市和二级机场之间的短程点对点航线、单一波音737组成的标准化机队、频繁可靠的班次、15分钟泊机周转、精简高效士气高昂的员工、较高的薪酬、灵活的工会合同、员工持股计划等，这些运营动作组合在一起，夯实了战略定位，让西南航空能够在提供超低票价的同时还能为股东创造丰厚利润，使得西南航空成为一家在战略上与众不同的航空公司。

所有组织和个人都需要定位

定位与管理一样，不仅适用于企业，还适用于政府、医院、学校等各类组织，以及城市和国家这样的超大型组织。例如岛国格林纳达，通过从"盛产香料的小岛"重新定位为"加勒比海的原貌"，从一个平淡无奇的小岛变成了旅游胜地；新西兰从"澳大利亚旁边的一个小国"重新定位成"世界上最美丽的两个岛屿"；比利时从"去欧洲旅游的中转站"重新定位成"美丽的比利时，有五个阿姆斯特丹"等。目前，有些城市和景区因定位不当而导致生产力低下，出现了同质化现象，破坏独特文化价值的事时有发生……同样，我们每个人在社会中也面临竞争，所以也需要找到自己的独特定位。个人如何创建定位，详见"定位经典丛书"之《人生定位》⊖，它会教你在竞争中赢得雇主、上司、伙伴、心上人的优先选择。

定位客观存在

事实上，已不存在要不要定位的问题，而是要么你是在正确、精准地定位，要么你是在错误地定位，从而根据错误的定位配置企业资源。这一点与管理学刚兴起时管理者并不知道自己的工作就是做管理非常类似。由于对定位功能客观存在缺乏"觉悟"，即缺乏自觉意识，企业常常在不自觉中破坏已有的成功定位，挥刀自戕的现象屡屡发生、层出不穷。当一个品牌破坏了已有的定位，或者企业运营没有遵循顾客心智中的定位来配置资源，不但造成顾客不接受新投入，反而会浪费企业巨大的资产，甚至使企业毁灭。读者可以从"定位经典丛书"中看到诸如 AT&T、DEC、通用汽车、米勒啤酒、施乐等案例，它们曾盛极一时，却因违背顾客心智中的定位而由盛转衰，成为惨痛教训。

⊖ 本书中文版已由机械工业出版社出版。

创造 "心智资源"

　　企业最有价值的资源是什么？这个问题的答案是一直在变化的。100 年前，可能是土地、资本；40 年前，可能是人力资源、知识资源。现在，这些组织内部资源的重要性并没有消失，但其决定性的地位都要让位于组织外部的心智资源（占据一个定位）。没有心智资源的牵引，其他所有资源都只是成本。企业经营中最重大的战略决策就是要将所有资源集中起来抢占一个定位，使品牌成为顾客心智中定位的代名词，企业因此才能获得来自顾客心智中的选择力量。所以，这个代名词才是企业生生不息的大油田、大资源，借用德鲁克的用语，即开启了 "心智力量战略"（mind power strategy）。股神巴菲特之所以几十年都持有可口可乐的股票，是因为可口可乐这个品牌本身的价值，可口可乐就是可乐的代名词。有人问巴菲特为什么一反 "不碰高科技股" 的原则而购买苹果的股票，巴菲特回答说，在我的孙子辈及其朋友的心智中，iPhone 的品牌已经是智能手机的代名词，我看重的不是市场份额，而是心智份额（大意，非原语）。对于巴菲特这样的长期投资者而言，企业强大的心智资源才是最重要的内在价值及 "深深的护城河"。

　　衡量企业经营决定性绩效的方式也从传统的财务赢利与否，转向为占有心智资源（定位）与否。这也解释了为何互联网企业即使不赢利也能不断获得大笔投资，因为占有心智资源（定位）本身就是最大的成果。历史上，新生产工具的诞生，同时会导致新生产方式的产生，这种直取心智资源（定位）而不顾赢利与否的生产方式，是由新的生产工具带来的。这不只发生在互联网高科技产业，实践证明在传统行业也是如此。随着第三次生产力革命的深入，其他产业与非营利组织将全面沿用这一新的生产方式——第三次 "更聪明地工作"。

伟大的愿景：从第三次生产力革命到第二次文艺复兴

　　第三次生产力革命将会对人类社会的"上层建筑"产生何种积极的影响，现在谈论显然为时尚早，也远非本文、本人能力所及。但对于正大步迈入现代化、全球化的中国而言，展望未来，其意义非同一般。我们毕竟错过了前面两次生产力爆炸的最佳时机，两次与巨大历史机遇擦肩而过（万幸的是，改革开放让中国赶上了这两次生产力浪潮的尾声），而第三次生产力浪潮中国却是与全球同步。甚至，种种迹象显示：中国很可能正走在第三次生产力浪潮的前头。继续保持并发展这一良好势头，中国大有希望。李泽厚先生在他的《文明的调停者——全球化进程中的中国文化定位》一文中写道：

　　注重现实生活、历史经验的中国深层文化特色，在缓和、解决全球化过程中的种种困难和问题，在调停执着于一神教义的各宗教、文化的对抗和冲突中，也许能起到某种积极作用。所以我曾说，与亨廷顿所说相反，中国文明也许能担任基督教文明与伊斯兰教文明冲突中的调停者。当然，这要到未来中国文化的物质力量有了巨大成长之后。

　　随着生产力的发展和中国物质力量的强大，中国将可能成为人类文明冲突的调停者。李泽厚先生还说：

　　中国将可能引发人类的第二次文艺复兴。第一次文艺复兴，是回到古希腊传统，其成果是将人从神的统治下解放出来，充分肯定人的感性存在。第二次文艺复兴将回到以孔子、庄子为核心的中国古典传统，其成果是将人从机器的统治下（物质机器与社会机器）解放出来，使人获得丰足的人性与温暖的人情。这也需要中国的生产力足够发展，经济力量足够强大才可能。

历史充满了偶然，历史的前进更往往是在悲剧中前行。李泽厚先生曾提出一个深刻的历史哲学：历史与伦理的二律背反。尽管历史与伦理二者都具价值，二者却总是矛盾背反、冲突不断，一方的前进总要以另一方的倒退为代价，特别是在历史的转型期更是如此。正是两次世界大战付出了惨重的伦理道德沦陷的巨大代价，才使人类发现了泰勒生产方式推动历史前进的巨大价值而对其全面采用。我们是否还会重演历史，只有付出巨大的代价与牺牲之后才能真正重视、了解定位的强大功用，从而引发第三次生产力革命的大爆发呢？德鲁克先生的实践证明，只要知识阶层肩负起对社会的担当、责任，我们完全可以避免世界大战的再次发生。在取得这一辉煌的管理成就之后，现在再次需要知识分子承担起应尽的责任，将目光与努力从组织内部转向组织外部，在顾客心智中确立定位，引领组织内部所有资源实现高效配置，为组织源源不断创造顾客。

现代化给人类创造了空前的生产力，也制造了与之偕来的种种问题。在超大型组织巨大的能力面前，每一家小企业、每一个渺小的个人，将如何安放自己，找到存在的家园？幸运的是，去中心化、分布式系统、网络社群等创新表明，人类似乎又一次为自己找到了进化的方向。在秦制统一大帝国之前，中华文明以血缘、家族为纽带的氏族部落体制曾经发展得非常充分，每个氏族有自己独特的观念体系："民为贵""以义合""合则留，不合则去"等。不妨大胆地想象，也许未来的社会，将在先进生产力的加持下，呈现为一种新的"氏族社会"，每个人、每个组织都有自己独特的定位，以各自的专长、兴趣和禀赋为纽带，逐群而居，"甘其食，美其服，安其居，乐其俗"，从而"各美其美，美人之美，美美与共，天下大同"。人类历史几千年的同质性、普遍性、必然性逐渐终结，每个个体的偶发性、差异性、独特性日趋重要，如李泽厚先生所言："个体积淀的差异性将成为未来世界的主题，这也许是乐观的人类的未来，即万紫千红百花齐放的个体独特性、差异性的全面实现。"在这个过程中，企业也将打破千篇一律的现状，成为千姿百态生活的创造者，生产力必然又一次飞跃。

人是目的，不是手段。这种丰富多彩、每个个体实现自己独特创造性的未来才是值得追求的。从第三次生产力革命到第二次文艺复兴，为中国的知识分子提供了一个创造人类新历史的伟大愿景。嘻嘻！高山仰止，景行行止，壮哉伟哉，心向往之……

邓德隆

特劳特伙伴公司全球总裁

写于 2011 年 7 月

改于 2021 年 11 月

品牌：创造顾客之道

世界第一品牌为什么长期属于可口可乐？所有企业家，都应该反复提问并深入思考这个问题。

"事实上，可口可乐销售的只不过是很容易仿制的糖水，如果不是因为在大众心智的可乐阶梯上占据了首位，并因此代表了美国价值，它怎么可能创造出如此高的市值？"《美国投资研究》终于发现，能解释这一切的是定位理论：商业不是产品之战，而是顾客心智之战。随之，摩根士丹利将此原理应用于投资行业，信奉"最好技术的产品不一定胜出"的心智原则，借助"简明，但有时和直觉相反的指引，我们取得了实际的成功"⊖。

彼得·德鲁克自1954年开始，终其一生都在说：企业存在的唯一目的是创造顾客。我则花了40多年时间，来告诉全球的企业人士如何创造顾客：**关键在于通过精准定位获得顾客心智的认同。**定位观念虽然甚为单纯，但人们很难了解其功效之强大。在日益发达的商业和竞争中，产品差异总是很容易被模仿和跟进，而心智认知很难改变。一旦你在顾客心智中占据了优势地位，不仅生意会源源而来，而且这也是企业唯一可靠的长期竞

⊖ 见摩根士丹利《美国投资研究》评论文章《迈克尔·波特重申特劳特和里斯战略思想》(*Strategic Thoughts: Michael Porter Reinvents Trout & Ries*)，(1996年11月18日)。

争优势。当然，如果你不懂或不会使用这一原则，无疑将把机会拱手让给竞争者。

那么企业用什么进入顾客心智并占得优势地位呢？那就是品牌。企业家须牢记，顾客心智中不存在企业，只有品牌。企业无法将整个组织装进人们头脑，只能将代表着企业产品或服务的符号装入顾客头脑，这些符号就是品牌。每一个企业，无论你实际的产品经营做得多么好，如果你不能在顾客心智中建立起品牌，你所有的投入就只是成本，而无法转化为绩效。因此也可以说，品牌是企业将成本转化为绩效的转换器。

过去30年来，中国在制造产品方面向世人展示了惊人的学习力，但能否在打造品牌方面表现同样出色？日本与韩国基本上是失败者；欧盟除了德国好一点之外，其余也乏善可陈；美国虽然仍是全球领先者，但与其真正的潜力比起来，其成就仍然微不足道。这使我把目光与期望投向了中国。从我的合伙人邓德隆先生所著的《2小时品牌素养》在中国受欢迎的程度，我似乎看出了一些迹象。这本书可谓中国版的《定位》，它详解了许多企业在中国市场成败的原因，并着重介绍了中国品牌王老吉的成功。事实上，王老吉数年前还默默无闻，它如何能脱颖而出，并在本土市场超越了世界第一品牌可口可乐？看看这本书你就会知道……

杰克·特劳特

2011年

　　品牌是市场竞争的基石，是企业基业长青的保证。企业在发展中的首要任务是打造品牌，特劳特是世界级大师，特劳特的定位理论指导了世界许多企业取得竞争的胜利。

　　邓德隆先生作为特劳特（中国）公司的董事长、总经理，对特劳特商战战略思想、定位本质把握得如此准确，提出竞争的本质是心智资源之争，特别是他对中国企业发展中的品牌定位，具有独到的见解。邓德隆先生对品牌与品类的区分、差异化的品牌战略、系统整合、明确的广告定位、品牌主张、品牌与企业文化，以及给王老吉品牌定位的成功策划，都使我们深受启发。

　　一年前，我有幸结识了邓德隆先生和他的团队，又成功地进行了九龙斋酸梅汤的战略合作，其独特的品牌推广定位和推广模式的确定，有力地证实了邓德隆先生的品牌差异化定位理念的先进性。

　　回想起燕京啤酒集团的发展历程，用20多年的时间把一个小型啤酒企业培育成为连续三年进入世界啤酒行业产销量前十强的企业集团，燕京的品牌价值突破206亿元。

　　实践使我们体会到，没有品牌的竞争是无力的竞争，没有品牌的市场是脆弱的市场，没有品牌的企业是危险的企业。拥有消费者的心智资源，就培育起了消费者心中的名牌。

本书的再版说明邓德隆先生的观点得到了广大读者的赞同和认可，对于年轻一代的企业家队伍成长，将有很大的指导作用。

李福成

北京燕京啤酒集团公司

董事长兼总经理

第3版前言

POSITIONING

根本没想到，这篇2002年的充满了火药味的小小讲稿竟然还有机会再版。本来成书前该讲稿就以小册子的形式在企业界翻印并广泛流传，相当多的企业已经达到中高层管理者人手一册的程度，我也因此不断受邀参加了许许多多的座谈会。本以为该报告的使命已完成，后来之所以答应出版社成书，主要出于给自己做个纪念的考虑。谁知，成书一再加印之后，居然还要再版，这真让我惶恐之余也担心是否在"炒现饭"。因之，首先要向自己交代的是，为什么还要再版。

细细重读一遍后，令人欣慰的是本书并未过时，虽然其中所用的例证都是七年前的旧例子，但其中的原理不但成立，而且比七年前更加适用和贴切。同时，读者也可以从这些旧例证中，看出作者用定位原理所做的"预测"是否准确。一些今天读者看来是天经地义的东西，在七年前这样讲，不仅火药味十足，而且风险巨大。记得本报告的第一场演讲过后，有一位好心的朋友建议我对许多结论不要说得那么死。我在心里感激这位朋友的善意，在他看来，这样做不但得罪了许多企业，而且结论过于偏激，至少是风险极大。记得我当时用了彼得·德鲁克的话来回答他：我没有预测未来，我只是看见了业已发生的未来。联想手机最近终于低价卖出，似乎为本报告的

"预言"画上了一个句号。但是这并不表示中国企业界就此接受了其中的教训。正如彼得·圣吉所说："当一个新观念不受尊重，处处碰壁时，并非最大的挑战，因为反对意见能激发出正反双方的热情甚至信仰；但是经过这样一阵激荡，当这个新观念广受尊敬与认同的时候，恰恰才是最大的挑战，因为此时无论是推动者与反对者都容易误认为'战斗'已结束，从此将这个新观念束之高阁。"圣吉接着说："真正的学习并非掌握知识，而是为学习者带来心灵转换及行为的改变。"

　　如果从行为的改变标准来看，中国企业对于如何打造品牌还刚刚起步。一方面，我们从观念的接受到行为的改变需要很长一段时间滞延；另一方面，还有更多的"新人"对于什么是品牌，如何打造品牌，缺乏最基本的素养。因此，本书仍不失为一本基本且通俗的"入门"读物。本书之所以用"2小时品牌素养"作为书名，意即在此。

　　相信本书至少有一个效用，即赋予读者新的眼光，甚至让读者变得和作者一样乐于审视和"预测"。比如说眼下热门的例子，虽然平安保险准备通过增发来筹集数目巨大的资本，用以充实其十分看好的平安银行，但无论怎样努力与投入，平安银行都不可能成为一个成功的品牌，近来其高层管理者走马灯一样轮换，就已经开始了不好的预兆。我也当面对俞尧昌先生说过，不论更换格兰仕空调多少任的总经理，也不可能让格兰仕空调成功……诸如此类的例子实在太多，再举下去即使不算哗众取宠，也是毫无意义。领悟了本书精神的读者，同样可以精准地做出许多看似冒险的"预测"出来。可见，定位作为一门学科，在中国的传播仍刚刚起步而已，但中国要从"中国制造"升级为"中国创造"，少不了定位这项核心的管理技术。

当初，作为一个小小演讲，其中有许多地方即使很重要也难以充分展开。好在我的老板特劳特先生在中国的书已出了十几本之多。本书的一个贡献，就是将定位理论中国化了，能让中国的读者领悟其核心精神——通过占有心智资源而创建强大的品牌，从而激发起学习"定位"这个新学科的兴趣。或许这才是本书再版的理由。

定位既是一门学科，更是一项实践。本书第1版的不足之处，在于缺少一个系统的案例，详尽地实证如何为一个品牌创建定位的全过程，并最终缔造出一个强大的品牌。趁再版之机，我把本书分成理论与实践上下两篇，上篇仍保持第1版的原貌，下篇着重讲定位与品牌实践。新增内容介绍了我们多年以来实践案例王老吉的整个品牌战略历程，并选编了我们在中国就品牌实践许多关键问题进行研讨的论文。关于王老吉案例的文章都在《哈佛商业评论》发表过，当时版面受限有些地方未充分展开，这次总算进行了完善。如果这些原则能协助王老吉在与世界第一品牌可口可乐的竞争中胜出的话，应该对其他企业也有可借鉴的价值。

最后，借用我最喜爱的哲学家李泽厚先生在《美学四讲》中的几句序语作结：呜呼，岁月已逝，新见不多，敝帚自珍，读者明鉴，是再版序。

2011年

POSITIONING

上　篇

中国品牌竞争力分析报告

　　这样的报告会在《中国企业家》杂志举办应该是第一次。因为《中国企业家》杂志的服务对象主要是各企业的决策者、董事长、总经理，所以最早德隆跟我说这件事的时候，我一开始也不太感兴趣。为什么呢？我觉得一把手需要考虑的主要不见得是品牌。后来和德隆吃了一次饭，应该说他令我折服了。我发现世界级的大企业、大品牌之所以陷入大麻烦，其中有一个重要原因就是CEO没有负责建立品牌的工作，而这正是我们中国企业在向国际公司学习时要吸取的教训，也是特劳特此行来访讲学的主要内容。

　　特劳特是世界级的大师，他的定位理论已经让美国的企业界享受了几十年的恩惠。而今天中国的市场，中国的企业界已经到了真正需要定位理论的时候，到了要隆重地把定位理论推荐给中国企业、中国企业家的时候。我自己的收获就很大。

　　祝愿大家能成为定位思想在中国的第一批受益者，也希望大家成为最大的受益者。⊖

刘东华

《中国企业家》杂志社社长

　　⊖　此文为2002年刘东华先生在"中国品牌竞争力分析报告"会上的开场发言。

POSITIONING

第 1 章

中国企业的七大品牌观念误区

在社会科学领域存在的基本假设，其实比自然科学领域一些最基本的假设还要根本。

中国企业界仍然普遍停留在产品经营的思维层面，而鲜有用品牌经营思维来统筹企业的，即便一流的中国企业也不例外。为什么如此多优秀的企业也会陷入此中呢？彼得·圣吉解释说缘于"水煮青蛙"原理。当我们把青蛙放进开水中时，青蛙因剧痛而能奋力跳出，但如果把青蛙放在常温的水中然后慢慢加温，青蛙就会被活活煮死。也就是当外部的市场环境、顾客心理逐渐变迁之后，企业不能够感知到这种变化，往往还在沿用甚至陶醉于以往成功的经验和模式。

在彼得·圣吉极力倡导的五项修炼中，有一项核心的修炼就是改善心智模式，不断探寻与质疑我们在既往经验中对环境所做出的假设。不改善这些心智模式，就不可能应对未来，因为正是这些不合时宜的假设指引着我们应对新环境的决策。德鲁克在90岁高龄的时候，也曾讲到过这些基本假设。他说在社会科学领域存在的基本假设，其实比自然科学领域一些最基本的假设还要根本。在自然科学中，如果爱因斯坦和牛顿对宇宙做了一个错误的假设，比如"太阳绕着地球转"，那本质上改变不了宇宙。但是社会科学不一样，我们如果假设了一个人，比方说"不值得信任"，那很麻烦，这个人对于你而言就会变得像你假设的那样不值得信任，尽管对别人而言他是值得信任的。

在经营企业的过程中，会有哪些最基本的观念指引着企业行动呢？我们在这里把指引着当今中国企业经营的最根本假设，即对品牌的最根本假设，大概列出了以下几条。大家能够发现，正是这些最根本的假设，指引着我们大量的企业往前推进。

假设一：品牌成功的关键在于满足顾客需求

企业最基本的功能是营销。营销就是通过交换过程满足顾客需求的活动，这源自菲利普·科特勒教授对营销所下的基本定义。实际上这样的一个观念，在今天的中国和在20世纪80年代的美国一样，很难行得通。

我们不妨看一个例子。海王药业在康泰克的PPA事件㊀之后，做了全国性的大规模市场研究，发现大家对感冒药最大的需求在于疗效快。既然消费者对于治疗感冒最大的需求就是疗效快，海王药业就去满足这个需求，银得菲㊁这个品牌就在这样的背景下出台了。品牌的承诺直接而明显：治疗感冒，快！在推广上的投入量，大家是能够切身感觉得到的，那么这几个亿的投入会有效吗？

接下来我们会详加分析这个品牌很难成功的原因，现在不妨再看一些案例。

大家都知道，在洗发水行业，原来我们赖以自豪的是奥妮，居然能在宝洁的饭碗中抢下第三位，的确了不起。可惜后来奥妮不行

㊀ 2000年11月，中国国家药品监督管理局叫停含PPA成分的药品销售，占据感冒药非处方药（OTC）市场份额40%的领导品牌原康泰克退市，市场出现重整格局的机会。

㊁ 本书列举案例以各时期影响力为参考，许多品牌包括随后提及的奥妮、顺爽、第五季、TCL、春兰等，现有所受关注度已不如当时。

了，武汉丝宝推出舒蕾和风影两个品牌，取得了阶段性的成功。之后丝宝在世界杯期间请了女明星舒淇做代言人，买断世界杯电视广告最黄金时段，隆重推出新品牌：顺爽。从顺爽的命名与诉求主题可以看出，这个品牌是为了满足人们对头发"柔顺爽滑"的需求而设计的，也就是说，丝宝同样也是假设营销就是满足消费者的需求，所以才会推出顺爽。问题是，如果企业活动基于一个错误的假设，那么在这个基础上企业是盖不起来房子的。

假设二：更好的产品、更佳的团队、更大的投入，必将胜出

联通新时空就是这样的思考模式。更好的产品是CDMA，品牌诉求是更清晰、更健康、更绿色。大家知道现在媒体上联通是看得比较多了，但在市场上跟它的竞争对手中国移动的差距还是相当远的。联通似乎相信，产品更好、投入更大，最终就一定能胜出！

持有这一信念的还有个有名的企业，那就是联想。当杨元庆总裁回答记者"联想进入手机市场的优势"时，他谈到了三大优势：第一是联想的品牌优势；第二就是联想的团队，管理优势；第三个优势是资本上的实力。这样的话，有钱有人又有品牌，似乎没有任何理由做不好。其实不然，因为决策所基于的假设不能成立，联想手机的前景很难如愿。○

○ 由于亏损影响上市公司利润，联想手机2008年1月被联想集团宣布出售。

假设三：企业形象与品牌形象是促进销售的核心力量

现在大家都在谈塑造良好的品牌形象和良好的企业形象，这源自在发展中市场、新兴市场学习到的经验，良好的形象可以带来一种品质上的保证感以及品牌的喜欢度。

在这个假设之下，TCL推出了一部耗资巨大的形象广告片《马语者》。大家或许还有点儿印象，画面是一匹马在飞奔，广告语是"成就天地间"。这个广告我们曾在一篇文章中详细分析过，文章的题目叫《为中央电视台十大广告打分》。以我们的分析，TCL这个形象广告，80%的广告费是浪费掉了，只得了20分。当市场环境、竞争环境、消费者在不知不觉中已发生改变时，我们的企业很难及时地感知这种变化，最后就容易造成"水煮青蛙"的现象。

"第五季"也是一个试图用形象法打造品牌的案例。健力宝这一曾经被誉为"中国魔水"的品牌，今天很可惜地陷入了魔掌之中，这个魔掌就是第五季的品牌形象。[一]在浙江国投入主健力宝以后，为了给健力宝注入活力，企业推出了新品牌第五季。这是一个典型的以塑造品牌形象与个性来建立品牌的例子，其投入之大、视觉冲击力之强令人震撼，可惜的是运用品牌形象理论与方法在中国是打造不出品牌的。第五季甫一推出，我们便就这个案例写了一篇分析文章《中国企业的第五季陷阱》，希望能给该企业一些提醒，可惜文章没有引起健力宝足够的警觉。

[一] 第五季当时推动的大规模品牌推广，以伸出五指的巴掌形象为主。

假设四：品牌延伸可以利用现有的品牌资产在新领域获得竞争力

这几乎是中国企业犯得最多也是危害最大的一种错误。比如说娃哈哈，看起来似乎很成功，我们会给大家分析，娃哈哈的品牌竞争力其实非常脆弱，只是一个泡沫品牌而已。大家可以看到，娃哈哈利用现有的品牌在饮用水、酸奶、钙奶、童装、八宝粥、营养液、感冒液、绿茶、冰红茶、牛奶、纯牛奶、果汁如此众多领域中发展。⊖所幸，它的可乐起用了新品牌（非常可乐）而逃此一劫。

还有就是茅台啤酒、茅台红酒、茅台威士忌，等等。当然例子太多了，举不胜举。比方说格兰仕微波炉成功了，推出格兰仕空调；小天鹅洗衣机成功了，推出了小天鹅空调……

假设五：做大规模才能增强企业竞争力

这被许多企业看成是天经地义的道理，做大规模才能增强企业竞争力。特别是加入WTO之后，中国企业将和巨无霸级的世界企业同台较量。要想与狼共舞，首先自己必须变成狼，于是我们就纷纷扩张，希望借此增强抗风险的能力。做大规模真能增强企业竞争力吗？长虹与海尔的多领域扩张是成功的模式吗？

⊖ 接下来几年，娃哈哈吸取了本报告的建议，现在激活、营养快线、呦呦、思慕C都是它的品牌。

假设六：追求日韩成长模式，或用标杆法定点赶超

春兰是一个典型的模式，它看起来就像一个小三菱或小三星。当然还有TCL集团，也是如此。

在中日建交30周年的两国企业家对话论坛上，李东生总裁对索尼总裁出井伸之讲道，TCL就是以索尼做标杆，努力赶超。实际上远不止TCL采用标杆法，通常大多数企业都在自觉不自觉地这样做，把所处行业的国际领导者细加解剖，然后量化出各种指标作为自己企业的标杆，以此制定缩短距离的计划。

这就好比一个女孩子想练成施瓦辛格那样的体形，怎么练也练不成，因为他们的基因不一样。当然，后面我们还会为大家逐一地详细分析其中的问题所在。

假设七：产业的发展方向是走向融合

3C⊖融合已被中国企业界公认为是行业发展的必然趋势之一。为了驾驭这一趋势，各大企业之间开始了规模浩大的大串联。TCL作为家电生产商，毅然先后进入电脑与移动通信领域，康佳、海信、海尔等莫不如此，联想则作为电脑制造商进入移动通信领域，等等。看来这股潮流目前并没有要终止的迹象。

然而产业发展的方向真的是走向融合吗？3C会走向融合吗？

⊖ 指电脑（Computer）、通信（Communication）和消费类电子产品（Consumer Electrics）。

以上所提出的七个假设，正指引着我们无数企业的经营。要详细分析它们为什么行不通，对品牌建设有什么危害，还得回到品牌战略这个专业角度。下面我们有必要简要回顾一下，历史上关于品牌战略方法的三次演变，从商业环境的变迁中我们可以明了上述假设的错漏之处。

POSITIONING

第 2 章

品牌战略方法的三次演变

当顾客的心智阶梯中有我们的一席之地时，我们才能生存。

品牌战略的演变可以划分为三个时代。

产品时代

美国在亨利·福特以前，不需要品牌战略，因为大量的需求已经存在而且竞争还不激烈。这种稀缺时代的黄金日子，我们在改革开放之初的20世纪80年代也出现过。

稀缺时代的竞赛是在工厂展开的，大家比拼的是生产线、生产速度与成本，于是就诞生了福特模式。亨利·福特制造汽车，他发明了流水线作业系统，成为美国的工业大亨。那时消费者对产品需求高涨，对产品也可以忍受将就，因为没有更多的选择余地。福特有名的宣传口号是："你可以要任何颜色的车，只要那是黑色的。"因为福特只生产黑色汽车，你要不要自己看着办。

20世纪80年代，我们的企业也不需要品牌战略，巨大的需求拉动企业飞速成长，相当多的企业还没有经过充分竞争就达到近百亿元的规模。正是这种成功，导致了后来的问题。当这批企业面临巨大的过剩、剧烈的竞争，就表现出很大的不适应，往往只能采用最原始的竞争武器——以降价手段来应付短期的危局。这样经过一番真正的残酷历练之后，企业与企业人意识到，需要有更高层次的竞争方法，这时候才对更高的品牌战略产生了要求。

在美国也一样，第二次世界大战后大量的军工企业转为民用，而战后人们要重建家园、享受生活，释放出巨大的需求，这使得整个制造行业像潮水一样涨了上来。这个时候竞争开始加剧，供应越来越多，相当多的企业库存增加。此时有一个人物登上了历史舞台，他发明了一种方法可以把库存的产品变得畅销。

这个人物叫劳斯·瑞夫斯，他发现的方法就是非常有名的USP理论，即**独特销售主张**理论。这个理论有三条原则：

- 通过每则广告都向顾客提出同一个主张；
- 这个主张必须是竞争对手所不能或不曾提出的；
- 这个主张必须有足够的促销力，能打动顾客。

如果一个品牌能够遵循这三个原则，就会比对手卖得好。

新理论使品牌成功的例子还有很多。比方说当时有一种巧克力，它就几十年如一日地坚持一个USP：只融于口不融于手。这个巧克力就是M&M's巧克力，现在它还是第一品牌。还有多芬香皂，它也只说一个独特的卖点——"香皂里含有1/4润肤乳"，也是非常成功。

值得注意的是，这个理论的第二条原则非常有戏剧性，它指导**企业在为产品寻找独特销售主张时，不一定强求这个主张是你独有的，只要竞争对手没有提出过，哪怕所有的产品都存在这个主张，你也可以利用它来建立品牌。**

最典型的一个例子，就是一个叫喜立兹的美国啤酒品牌。这个品牌原来销售得不好，有库存，他们就请了当时的广告大师霍普金斯想办法。厂领导先请霍普金斯看他们的设备、发酵工艺等，介绍了很多他们的长处、特点、技术，霍普金斯眼皮都不抬一下，没有感觉。当时的厂家非常失望，看样子可能没什么戏了，即使大师也爱莫能助。可是就在大家要走出工厂的时候，霍普金斯惊喜地跳了起来，原来他看到的是空瓶子经过一个车间，正用高温的蒸汽进行消毒。厂领导刚开始还以为发现了什么宝贝，弄明白大师的兴奋之后，马上又失望了，他们告诉霍普金斯，这是任何一个啤酒品牌都必须有的一个基本流程。霍普金斯则告诉他们，是不是任何一个厂家都这样做并不重要，重要的是消费者并不知道谁在这么做。结果喜立兹啤酒凭着"每一个啤酒瓶都经过高温蒸汽消毒"这个USP，不但消化了库存，而且居然一举获得了市场第一品牌的地位。

在中国也有不少这样鲜活的案例。乐百氏[⊖]纯净水就凭着"27层净化"的USP，在一两年内成为数一数二的品牌，即使所有的纯净水都能够做到27层净化。最近金龙鱼食用油推出了"脂肪酸比例符合1：1：1健康标准"的主张，销售上升得非常快，对它的竞争对手构成了很大压力。近期我们可以看到有不少竞争对手质疑它这个"1：1：1"的报道，从竞争对手的反应中，就可以反推出金龙鱼的成功。

在彩电业，创维的表现可圈可点，正确的品牌战略恐怕功劳不小。大家不妨回想一下，创维几年以来一直不变的传播策略，就是"不闪的才是健康的"。其实呢，它就是坚持了一个独特的销售主张，而所有其他的厂商都是一年一小变，三年一大变，品牌总是推倒重来，没有积累效应。此消彼长下来的结果是，创维上

⊖ 乐百氏及后述创维等品牌，都是当时市场环境下的佼佼者，然而随着商业竞争进入更高阶段，它们不仅没有合理地更新战略，还纷纷走向了品牌延伸（乐百氏矿泉水、创维手机等），品牌终于未能更进一步。

升得很强劲。大家平时坐车，留心一下车尾有一个广告"日丰管，管用50年"，它也是一个强有力的USP。TCL通过在手机上装一颗宝石，从而创造出一个独特的卖点，也很成功。

在很多领域，如果竞争尚属初级阶段的话，我们都可以通过USP迅速取得突破性成果，但是竞争程度与层次一高，USP战略就有问题。原因是科技更新很快，竞争对手模仿的速度也就很快，你今天讲了一个独特点，我明天就能拿出来，渐渐地消费者已被"教育"成对产品的功能性不太在乎了，这个时候USP理论就解决不了销售难题。

实际上到了20世纪60年代，美国的市场环境普遍处于这种状态。这时，又出现了一位新的大师，创出了一套适合新时期的理论。

形象时代

这个人叫大卫·奥格威。有意思的是，他和USP理论的发明者瑞夫斯娶的是两姐妹，有一个说法是瑞夫斯盛名之下使奥格威在丈母娘家受到歧视，奥格威卧薪尝胆，终于创出了一套独门武功。奥格威凭着这套武功不但打败了瑞夫斯，还在江湖上扬名立万，创办了享誉世界的奥美广告公司。他本人也被列入促进人类工业化的名人堂，在丈母娘家挣足了面子。

奥格威发现，当产品趋向同质化，消费者经验增加，人们开始不注重产品的差异，而是追求超出功能需要的感性价值，企业的战略在于为品牌打造一个独特的形象。这就是后来广为人知的品牌形

象理论。这个理论也有三个原则:

- 随着产品同质化的加强,消费者对品牌的理性选择减弱;
- 人们同时追求功能及感性利益,广告应着重赋予品牌更多感性利益;
- 任何一则广告,都是对品牌形象的长期投资。

万宝路香烟就是运用品牌形象理论最成功的一个案例。万宝路原来是女性香烟,早期的广告宣传"像5月的风"一样柔和。后来,李奥·贝纳广告公司把牛仔形象附加到万宝路品牌之上,它才开始腾飞,至今已是世界香烟第一品牌。

在产品时代卖香皂时,多芬香皂通过"香皂里含有1/4润肤乳"这个独特主张而成功,而在形象时代卖香皂已很难再用这种方法获得成功了。在形象时代卖香皂成功的是力士香皂,它的品牌战略就是塑造一个"当红女星容光焕发"的品牌形象。你看看它在中国历来的广告,都非常明确地展示了这一点,广告的主角永远是当前最红的女明星。原来潘虹的时代就用潘虹,现在舒淇当红就请舒淇,而且这个女明星往往在使用过力士后有一个光彩照人、魅力四射的形象。一直以来,力士香皂都是这样坚持的。

旁氏化妆品大家也非常熟悉,它是在努力塑造一个"旁氏护肤中心"的形象。

在我们国家,随着国际4A广告公司的大力推广,品牌形象理论非常盛行。进入20世纪90年代末,尤其是在竞争较强的行业,品牌形象理论逐步暴露出它的根本问题。虽然人人口里挂着"品牌形象"

这个词，但真正通过塑造品牌形象来经营的品牌，鲜有成功的案例。相反，试图用品牌形象法来打造品牌的失败案例，倒是俯拾皆是。

进入20世纪70年代之后的美国市场也是如此。

定位时代

进入20世纪70年代后，品牌形象也跟着USP行不通了。由于众多的企业都在塑造形象，形象与形象之间的类似，使消费者难以区分。最主要的是70年代的美国社会已出现了一个根本的变革，即信息社会开始到来，媒体与信息开始爆炸式增长，人们既无力去区分，也懒得去区分。因为人的头脑容纳的信息是有限的，而消费者的选择实在太多。消费者在选择品牌时已经无暇应付，更不用说区分品牌各自的形象了，他在生活的各个角落受到信息的冲击。到了今天，消费者面临的选择已经多到了无以复加的地步了。跟大家分享几个数据，中国的品牌已经有170万个，我们常用的就那么几个。那么在美国呢，有220万个品牌，日本和美国差不多，欧盟300万个，而且现在每年都有60万个新品牌在递增。

联合国原秘书长安南说，人类面临着两大威胁：一个是恐怖袭击，一个是艾滋病。其实还有第三大威胁，信息正在猛袭人类。巴诺书店的CEO就预测，不远的将来人类会发明出一种能清空大脑信息的药片。他说，失去思想和学会遗忘，将和减肥、节食一样变得必不可少。

那么在这种药片发明出来之前，人们怎么生存下去呢？定位理论开创者杰克·特劳特发现，身处信息时代人们的心智启动了两项功能以保护自己：一是排斥信息，二是自动将信息简化归类。在这样一种心智模式下，消费者不再去辨认哪个品牌的形象是怎样的，而是把产品分成类别储存起来，同时每个类别又只记那么几个足够应付的品牌。**有关品牌的新信息，只有符合这种分类才被接受，凡是与心智中已有信息或概念相冲突的信息，一律排斥在外。**

这也就是心理学家所说的"选择性记忆"机制，特劳特从中发现了著名的"心智阶梯"原理。比方说你要买牙膏，在你的潜意识中就会出现一个牙膏类别的品牌阶梯，通俗地说，出现一张购物单，在这张购物单上，你可能列出了高露洁、佳洁士、中华等品牌，它们自上而下有序排列。这种阶梯存在于我们的潜意识里，每个人对每一品类产品都有一个这样的阶梯。虽然你浑然无觉，但实际上是这张购物单在潜意识中为你圈定了购物的地图，指引、规范着你的购买行动，并决定你是否接受新的产品信息。例如，你想喝水了，就可能有乐百氏、娃哈哈、农夫山泉这样一个阶梯；你要去买感冒药，也有一张这样的购物单在指引着你。虽然在具体的购买现场，你有时会受到促销、降价或导购人员的影响而改变购买的选择顺序，但总体上而言，这张购物单具有很强的稳定排序。[⊖]

根据哈佛大学乔治·米勒教授的发现，这个排序阶梯上的选择，不会超过七个。我们做过相当多的实验，也证明如此。通常你在购买某类产品时，你不会记住七个以上的品牌，也就是你的购物单有

⊖ 这里列举阶梯上的品牌，都是当时的领先者，原本位置应该稳定地保持下来，但由于中国企业普遍对品牌战略方法缺乏把握，有的已经掉队。

限，写不下超出七个的品牌。

特劳特则进一步发现，其实七个品牌的存在，还只是市场的初始阶段，随着市场的成熟和稳定，人们往往只记住两个品牌，在其中选择一个就够了。特劳特把这个原则叫作"二元法则"，指出任何一个市场最终会变成两个品牌竞争的局面。比如说，可乐业是可口可乐与百事可乐，胶卷业是柯达与富士，飞机制造业是波音与空中客车，牙膏行业是高露洁与佳洁士，运动鞋是耐克与锐步，电池是劲量与金霸王，等等。居于第三位及以下的品牌，将因为在消费者心智阶梯中的弱势地位，需要不断地促销才能改变选择排序，因而生存艰难。

这个"数一数二"的市场原理，后来被杰克·韦尔奇用来作为改造通用电气的指导原则，获得了巨大的成功。

相反，**如果我们不能把品牌建立在消费者心智阶梯上数一数二的位置，那么随着市场的成熟，企业就非常危险。**美国的第三大汽车公司克莱斯勒，虽经传奇人物艾柯卡的一时拯救，但最终还是因不支被奔驰公司并购。日本的第三大汽车公司日产，也最终被雷诺并购[⊖]。

这一切应验了一句话：人民创造了历史。那么在品牌战略里面可以怎么说呢？是"顾客造就了企业"，而不是靠更好的团队、更大的投入，甚至不是更好的产品。当顾客的心智阶梯中有我们的一席之地时，我们才能生存。

残酷的是，顾客对任何一个品类最多只能容纳七个品牌，最终更是只有两个，这就是定位理论去解决的课题。

　⊖　顾客心智有限，是全球化市场中并购频繁的原因，如不能为品牌寻找到合适的定位，典型的结果是惠普并购康柏，最终减少了一个康柏品牌。

POSITIONING

第 3 章

定位的本质：占有心智资源

定位的本质是企业或品牌在顾客心中拥有的最宝贵的、不可再生的"心智资源"。

所谓定位，就是让品牌在顾客的心智阶梯中占据最有利的位置，使品牌成为某个类别或某种特性的代表品牌。这样当顾客产生相关需求时，便会将该品牌作为首选，也就是说这个品牌占据了这个定位。

在顾客心智中完成注册

定位决定着购买，成为驱动企业成长的力量，所以说"**只有顾客才能造就企业**"。这也同样说明，为什么说定位战略是一个企业的终极竞争战略，是企业家必须予以高度关注的企业重大决策。企业所有的有形资产，都像是钢筋水泥一样，而定位却像是地皮和产权，没有地皮的钢筋水泥是没有意义的，企业要通过定位使产品变成品牌。

还有一个关键的特点，顾客一旦对你的品牌进行归类或者说定位之后，他就很难接受改变，无论你花多大力气、投入多大也很难做到改变他的心智。因为定位本身就是人们的一种保护机制，是人们在信息泛滥环境中的生存之道。通过定位之后，消费者把与之不符的信息统统划为多余，从而实现了简化和自我保护。前面谈到心理学上的"选择性记忆"机制，就是这样运作的。

举一个例子，大家都知道，曾几何时木地板行业利润很丰厚，两年多以前红塔集团就投入33亿元进入了木业。红塔在新行业的品牌战略怎么做，当时他们请了我们过去。我们认为，红塔木地板制定品牌战略的根本前提或者说战略的第一步工作，是去掉"红塔"作为品牌名。为什么？因为谈到红塔马上想到的是什么呢？是烟草。一旦在消费者的心目当中，大家对红塔形成了烟草的定位以后，认识就不可能改变了。所以我们建议企业终止在中央电视台投放广告，先把红塔品牌拿掉，然后才能开始规划新的品牌战略。就在我们讲的时候，华北区的营销总监从座位上站了起来，愤怒得满脸通红，说："如果你们再继续鼓动老板拿掉红塔品牌的话，我就要上来掐死你们。"

我们当时很惊异。后来他补充说，红塔这个品牌已有460亿元的资产，我们拿着这460亿元的品牌资产不用而用新的品牌，这不是犯罪吗？而且我们进入木业最大的优势就是品牌。他说事实上现在整个行业听说红塔的进入都在发抖。

也许他说的是实情吧。要命的是，红塔当时的高层管理者也持同样的观点看问题，所以我们当时的那个合作告吹。今天有一个结论可以告诉大家，前几天他们的办公室主任给我们打电话，说红塔木地板果然没有做起来，他也要走了。他说我们当时说得一点也不错，红塔木地板的巨额投资就像没有地皮的钢筋水泥一样，虽然他们收购了好几家工厂，引进了世界上最先进的生产线，盖了最漂亮的厂房，买了大片大片的森林，但是这一切都因为不能在消费者心目中找到定位而被消费者抛弃。

拥有钢筋水泥的企业，最好的结局是作为其他品牌的OEM制造基地。"其他品牌"是谁呢？就是在顾客心智中建立了定位的企业和品牌。**只有建立在顾客心智阶梯中的定位才是驱动企业成长的力量。**

对于消费者来说，他才不管你有多少亿的资产，他要的就是木地板，而在他的经验中，红塔明明是烟草，这样红塔木地板就写不进他的木地板购物单。你不妨写下你所知道的木地板品牌，你将发现不会超过七个，而且没有红塔。当然，现在我们硬塞了一个给你。

教训在于，我们一定要首先确立品牌在顾客心智中的定位，再去围绕定位配置资源。导弹是非常昂贵的，威力也很大，但如果定位不准的话就是白白扔钱。所以说，定位的本质是企业或品牌在顾客心中拥有的最宝贵的、不可再生的"心智资源"。

心智资源是企业经营的起点、方向与终极目标，这就是为什么特劳特经常强调品牌定位是CEO的责任。现在竞争到了白热化的时候，企业竞争的本质已经落到了争夺顾客有限的心智资源上来，它决定了企业所有的投入与资源配置的方向。新时期企业家要完成角色转换。在巨大市场需求拉动的环境下，企业家做一个很好的管理者就行了，但到了高度竞争时代，企业家首先得是一个竞争战略家。企业家一定要弄清楚，自己所在领域中顾客的心智资源有什么特点？它是如何分布的？竞争对手已拥有何种心智资源？企业能抢占何种心智资源？如何去抢占？

宝洁公司的成功很值得我们学习。虽然中国企业界学宝洁已经有不少年头了，但似乎并没有学习到宝洁成功的关键点。宝洁之所以成功，在于它几乎垄断了行业中主要的心智资源。大家看到，海飞丝占领的心智资源是"去头屑"，这么多年来，海飞丝所有的广告无论怎样变化，但万变不离其宗，这个宗就在三个字上：去头屑。不光广告如此，它的任何一项经营活动都是为了强化这一点，所以消费者想买去头屑的洗发水时会首先想到它。而且，当你占据一个定位之后，消费者还会附加其他的利益在你头上，这就是光环效应。一个去头屑最好的洗发水，同时也意味着质量好、名牌、时尚等其他附加价值。飘柔占领的是"柔顺头发"的心智资源，虽然当你去买飘柔时未必会认为它能"柔顺头发"才购买，也不一定会因为它是洗发水的领导品牌才购买，但飘柔正是因为抢占了洗发水市场的最大特性即"柔顺头发"而成为领导者的。潘婷则代表了"营养头发"。这三块心智资源，导致了宝洁在中国一度占据近七成的份额，主导了洗发水市场。这就是宝洁模式的最大秘密。[⊖]

非常有意思的是润妍这个品牌，这是宝洁唯一一个中国本土化的品牌。大家知道，外国朋友不以黑发为美，可能以金发甚至白发为美，所以对"黑发最美"的价值观是没有概念的，这导致了一个中国品牌的成功，即奥妮。奥妮成功的原因在于宝洁的全球战略中留有空白点——"黑发"，而奥妮准确地切进了这个空当。通过传统的皂角和首乌作为品牌支持点，奥妮打出了"黑头发，中国货"这样一个直取"黑发"心智资源的战略诉求，正是"黑发"的定位拉动了奥妮的成功。可惜奥妮没有意识到自己最宝贵的资产在于"黑发"，在与一家著名跨国广告公司的合作过程中，它舍弃了这一心智资源，转而推出一个"爽洁自然"而飞瀑流泻的品牌形象。新广告虽然耗资甚巨，在半年内仅媒介费用即达8 000万元，后来又追加了1 800万元来开展"买奥妮，游黄果树瀑布"活动，试图强化其

⊖ 也许是因为竞争者不强和自己太过成功，现在宝洁的三块心智资源也受品牌延伸影响开始松动，这或许是后来者的机会。

"飞瀑流泄，爽洁自然"的品牌形象，但是消费者在信息如此之多的环境中不可能去感知这个玄之又玄的品牌形象，这场声势浩大的形象运动终于使奥妮品牌走向了没落。这样的一块好地段，奥妮不珍惜，夏士莲却发现了机会，于是发起了"夏士莲黑芝麻，真正黑头发"的推广活动。因为没有遇到奥妮的狙击，夏士莲大获成功，而失去了"黑发"定位的奥妮再也没有翻身。当然，我们从不相信品牌战略是决定一切的充分条件，它是一个企业要获得持续成功的必要条件，特别当你的竞争对手是跨国公司、世界级品牌时，品牌战略上就更不容我们有多少犯错的机会。夏士莲的成功引起宝洁对黑发的重视，跟进推出了黑发品牌润妍，并在北京专设一个全球唯一的黑发科研中心，以协助抢夺"黑发"心智资源。但是这里有个问题，当竞争对手一旦建立定位之后，只要不像奥妮那样犯错误，一个后进品牌的跟风策略是很难成功的，就像正面攻城一样无功而返。

值得注意的是，宝洁模式不能简单模仿，要注意几个问题：

- 品牌只有取得行业主导地位，才能考虑第二品牌的推出；
- 品牌的阶梯不存在于企业内部，而存在于外部，即顾客的心智之中；
- 要考量企业自身的实力。

比方说科龙，虽然有多品牌形式，但在战略制定上恰恰弄反了方向。科龙不是从消费者心智出发找到心智资源，然后再围绕心智资源去配置其他各项资源，它是从企业的内部阶梯出发去构筑战略。

科龙的做法是，容声冰箱已经是大众化的成功品牌，那么可以在这个阶梯的上方推出一个科龙冰箱，阶梯的下端推出一个低价的康拜恩品牌。虽然这些品牌似乎定位分明、错落有致，但空有其形，并没有真正获得定位的力量。科龙在空调业也是一样，收购华宝之后人为地把它压到低端，把科龙空调"定位"在高端，这都是将自己的意志强加给消费者。科龙品牌系统的核心问题正在于，没有从消费者的心智出发来规划品牌。⊖

不但占领心智资源需要钱，防御竞争者侵蚀心智资源也要钱。养生堂在这方面就存在问题，似乎只考虑了进攻而没有能力实现追击，从早期的龟鳖丸到朵而、农夫山泉、成长快乐，等等，战线太长。⊖有实力的公司才可以通过宝洁模式占有极大的市场份额，比如中国石化集团，就该着手发展这样的战略，趁着壳牌、BP还未大举进入前把消费者的心智资源抢占到手。特劳特曾非常成功地帮助西班牙国家石油公司，用三个品牌占领了该品类中三块最大的心智资源，就像宝洁主导洗发水市场一样地位牢固。目前这家公司成功地狙击了BP、美孚、壳牌等国际巨头，占有西班牙50%的市场份额。在《新定位》一书中，详细记载了这个案例，有兴趣的话大家可以一读。五粮液在多品牌模式上也有成功之处，但总体上很乱，幸亏它的对手不强，使自己有犯错的机会。但五粮液也必须尽快整顿，不能以企业内部的产品高中低为阶梯，要根据外部竞争导向，以定

⊖ 当年拥有容声、收购华宝、推出康拜恩的科龙，2005年巨额亏损，2006年被海信收购。

⊖ 多头防御耗资大，不能追击获利，战线太长的经营结果是利润不彰。

位机会来系统规划品牌。

事实上，任何一个成功的品牌，都在顾客心智中拥有一块地皮——心智资源。我们看看豪华轿车业，法拉利占有"速度"，奔驰拥有"名望"，宝马牢牢控制"超级驾驶机器"这个定位，而沃尔沃几十年如一日只讲两个字"安全"。

就在前两天，我们看到一个消息，说沃尔沃发明三点式安全带的人去世。沃尔沃在全球发布这个信息，既有纪念意义更有品牌战略意义，它再次强调了沃尔沃是讲求安全的汽车。实际上沃尔沃的许多企业活动都是指向"安全"定位的。例如，它说防侧撞钢板是它发明的，一次成形的整架钢铸是它发明的，还有很多像白天的亮灯也是它发明的……而最近它发明了车上免提电话。沃尔沃几十年如一日经营的一块地皮就是"安全"，它就做这一块的生意。在高度竞争的美国市场，一度卖得最好的高档汽车不是凯迪拉克，不是奔驰、宝马，也不是奥迪，而是沃尔沃，沃尔沃是卖得最好的豪华轿车。⊖

接下来，我们给大家介绍一个抢夺心智资源的有趣案例。

高露洁的总裁鲁本·马最近被《商业周刊》评为全美最优秀的六位企业家之一，他在准备退休之前能拿到这样的荣誉是非常值得祝贺的。鲁本·马之所以获此殊荣，是因为高露洁在他的领导下打败了宝洁的佳洁士，取得了牙膏领域的主导地位。我们给大家介绍的是高露洁如何在中国成功地狙击了宝洁的故事。

⊖ 沃尔沃成功后陆续推出敞篷车等与"安全"方向相背离的产品系列，不断损害定位，随后将其领先地位拱手相让。

　　高露洁的制胜法宝其实可以一语道破，那就是抢先占领了"防止蛀牙"这一心智资源。在美国，佳洁士是防止蛀牙的第一品牌，但是高露洁看到了另一个机会。早在1992年的时候，高露洁发现中国整个企业界对心智资源的认识还很模糊，众多牙膏强调的是清新口气、洁白牙齿、消炎止痛，等等，什么功能都诉求，还时常变来变去，而对牙膏类别中最大的心智资源"防止蛀牙"却没有一个品牌全神贯注地去抢占。高露洁知道，随着生活水平的提高，消费者必然对防止蛀牙的关注会越来越强，它像哥伦布发现了新大陆一样惊喜地看到这块地皮没人抢占，于是迅速进入中国市场，开始了单一而集中的诉求：防止蛀牙。有兴趣研究企业发展史的读者，可以把十年来高露洁牙膏所有的行为做一个研究，你会发现十多年来高露洁牙膏只说这四个字：防止蛀牙。

　　还告诉大家一个秘密，高露洁是第一个敢于和国内企业一起抢购中央电视台黄金竞标时段的外资公司。像宝洁这样的外资公司当时是以"千人成本"计算媒介投入产出比出名的公司，据它们的计算，中央电视台的竞标时段不合算，是不理性的。但是高露洁从迅速抢占心智资源这个战略高度来看投入产出比，认为非常值得，其回报就是高露洁迅速完成抢占"防止蛀牙"的定位并凭此领导牙膏市场。几年以后宝洁反应过来，用了比高露洁多得多的预算来反攻高露洁，结果屡屡落败。

　　大家不妨回忆一下，曾几何时中央电视台有两个非常相似的广告，都是拿着贝壳"笃笃笃"地敲来敲去，那是高露洁和佳洁士以这样的表现来宣传自己防止蛀牙。这里要说句公道话，这个广告是

佳洁士原创的，高露洁应该说做了一件很不光彩的事，既用了别人
"防止蛀牙"的概念又用了别人的广告，拿别人的广告换一个品牌
就推出了，等于是偷走了人家的米顺便还偷走人家煮饭的锅。但是
商业战争没有事实，只有认知，消费者的认知就是事实。结果怎么
样呢？很多消费者把这两个广告都当作是高露洁做的，大家觉得高
露洁的广告量真大，防止蛀牙的印象更深刻。

　　前面我们已经谈过，一旦你成功定位，就拥有了这块地皮的产
权，这就是属于你的地皮了。如果竞争对手也要挤到这里来做生意，
它就会把这一块地皮带得越来越旺。沃尔沃汽车之所以成为美国市
场卖得最好的豪华汽车，功劳不是在于沃尔沃自身，更大的原因在
于沃尔沃建立"安全"的定位之后，奔驰、宝马、凯迪拉克也纷纷
诉求安全，这样就教育了消费者，选择豪华汽车最重要的标准是
"安全"。由于沃尔沃汽车就代表了安全，于是它的销售起飞了。目
前企业界流行说：一流的企业卖标准。**当你在顾客心智中建立了品
牌之后，你就掌握了一种标准**，沃尔沃汽车就掌握了汽车业中安全
的标准。

　　顺爽洗发水的吃亏也在于此，它是在按照飘柔的标准推广。
因为"头发柔顺"这块地皮已经被飘柔牢牢地控制住了，顺爽根
本拿不到产权证。当然飘柔近来正在犯错误，把品牌延伸进入了
飘柔去屑型及营养头发型，但只要飘柔不继续错下去，顺爽只会
把飘柔的地皮搞得非常红火，对自己来说没有多大的价值。

　　高露洁在这个方面就得了很大便宜，佳洁士投入越大，它就上
升得越快。宝洁终于意识到了这个问题，最近佳洁士退了下来，调

整了竞争策略，但是新策略仍不成功，后面我们还会分析原因。

高露洁是因为抢占了"防止蛀牙"这个本该属于佳洁士拥有的心智资源而成功的。现在，企业界的品牌意识已经很强了，这可以从工商局的注册量上反映出来，品牌保护意识高的企业甚至把相关领域的同名注册全给占了。现在的问题是，**品牌仅在工商局注册是不够的，关键要在顾客的心智中完成注册才算安全，抢占顾客心智中的定位资源才算是将品牌真正注册成功。**高露洁就成功地在中国消费者的心智中完成了注册，从而建立起了一个强有力的领导品牌，这就是高露洁在中国的圈地故事。

品牌战略的核心原理，就是通过定位占有顾客心智中的一块心智资源。高露洁比宝洁早一步登陆中国，自然可以占有最好的一块黄金地段，然后从此财源滚滚。奥妮因错失定位而使企业失去了强有力的立足之地。工业时代与信息时代企业竞争的游戏规则很不一样，工业时代的竞争还在工厂与市场上展开，而信息时代的竞争地点是在顾客的心智中展开。企业要去争夺的是顾客心智中有限阶梯上的一席之地，即占有心智资源，建立定位。

中国加入WTO意味着全球1/5人口的心智资源重新融入全球的市场。在如此庞大的一个人口基数中，任何企业只要能抢占一个定位、一块心智资源，就有很可观的利润，而且是长期的利润。正如著名的历史学家黄仁宇所说：五百年来无此奇遇！真正的经营高手是不需要工厂的，他们玩的是一场智力游戏，比如耐克、戴尔，他们只要控制了消费者头脑中的心智资源就行，然后在全球寻找成本最低、服务最好的公司来为其制造。

海尔总裁张瑞敏经常说："什么是核心竞争力？技术、人才都构不成核心竞争力，只有拥有顾客才拥有核心竞争力。"当一个品牌占有了顾客的某种"心智资源"时，我们就可以说这个品牌拥有了顾客。因为当顾客产生相关需求时，他会首先想到该品牌。之后，企业可以通过不断创新，与时俱进地保持对这一资源的控制权。

比如说潘婷的定位在于"营养头发"，原来一直用"维他命原B5"来支持这一点。后来通过创新，潘婷有了更好的支持点来替代维他命原B5，那就是改用"珍珠白"来支持营养头发。也就是说，当企业占有了"心智资源"之后，品牌就拥有了长久的生命力，产品可以不断汰旧换新。

国内企业"各领风骚三五年"的现象，其主要原因之一是企业缺乏"心智资源"的意识，所以不能实现品牌经营，仅停留在产品经营的层面。但是产品有生命周期，而且随着科技水平的提高，更新速度越来越快，于是随着产品生命周期的节奏，企业也不断起伏更迭。比如流行一时的商务通就存在这个危机，它将产品做成了短期的时尚。另一个原因是，企业通常把名牌等同于品牌。名牌不等于品牌，名牌只是在需求高涨的特定时期，因为知名度高给顾客提供了品质上的安全感而存在的短期现象。只有在顾客心智中完成了注册，即成为某个类别或特性的代名词时才能成为品牌。从总体上而言，中国企业的品牌普遍面临着如何将名牌向品牌升级的严峻挑战。一言以蔽之，即应尽快为我们的品牌争夺一块心智资源。这才是企业最重要的核心资产，也是评估品牌价值的真正重点。目前普遍流行的资产评估只是一个美丽的数字而已。

竞争的本质：心智资源之争

正如破译基因草图有利于人类控制遗传病一样，解析品牌的基因能使我们更清楚地看清品牌的本质，从而避免品牌方面的遗传病。一个品牌的定位就是它的品牌基因。比如说冷酸灵牙膏就做得不错，它有一个很健康的品牌基因，即始终坚持"抗过敏，冷热酸甜都不怕"。

联想代表什么？这个大家不用做调查都知道，想买电脑第一想到的就是联想，反之，看到联想也能第一个想到电脑。代表"电脑"就是联想品牌的基因，这也正是联想手机不会成功的根本原因，因为联想做电脑太成功了，以至于消费者已经对联想进行了定位，它不属于手机。

这里最值得警惕的是，企业看待品牌与消费者看待品牌是不一样的。对联想的员工而言，联想代表着自己的企业，对于消费者而言，联想就是摆在桌子上的那个东西——电脑。既然企业人把联想看作企业，那么自然地企业能制造电脑也就能制造手机。但是消费者完全不同，他一旦认定联想是电脑，就不会改变自己的心智，不会在意联想的手机。前面已经谈及，消费者对企业定位之后，最无谓的行为莫过于试图改变这一点。联想不可能代表手机，这不是产品的问题，不是管理的问题，也不是投入的问题，而是关于消费者心智模式的问题。联想这个时候延伸进入手机领域，只会断送掉自己原有的心智资源，即联想代表电脑这一认知优势，戴尔、惠普、康柏会乘虚而入。正是联想手机的推出，为对手打开了机会之门。

另一方面，在顾客的心智阶梯中已存在太多的手机品牌，联想手机作为后来者也不可能有好的阶梯位置可占。大家要买手机，在心智阶梯中的选择已经远远不止七个品牌了，有诺基亚、摩托罗拉、爱立信、西门子、三星、TCL、波导、科健，等等。这是最要命的事情，当消费者不认为有把你放进心智阶梯的必要时，除非低价，否则你是打不进去的。只有消费者才能造就企业，联想再好的团队、再好的管理、再多的资金都不会奏效，甚至投入越大灾难越大。为什么呢？联想手机的推广，只会破坏原来代表电脑的心智资源。

从这个意义上来说，联想手机失败得越快对联想越有利，万一不幸有了一点点小成就，反而会诱使企业发力前行，越陷越深。康佳就已经被手机拖进去了欲罢不能，长虹也被空调拖住了，这些企业如果还不尽快做出战略性的决断，将会遇到挑战。

由于延伸产品领域，当年许多美国大企业都栽过大跟头。20世纪60年代末，IBM做电脑赚了大钱，通用电气很眼红，大举投入进军电脑领域，结果全军覆没。后来IBM忘掉了对手的教训，发现施乐做复印机挣了很多的钱，于是大举投入推出IBM复印机，最终一样在浪费无数金钱之后全军覆没。因为IBM在顾客心智中的定位就是电脑，而施乐的定位是复印机。要命的是这种品牌延伸现象像流行病毒一样，又从IBM传到了施乐身上。施乐从70年代初开始大举进入IBM所在的电脑领域，不同的是它在电脑业顽强地坚持了20多年，然而结果还是一样，顾客坚持施乐就是复印机，令施乐遭到重创。

卢梭和黑格尔说，作为政治人物万万不可违背"公众意志"。

在企业经营上，顾客对品牌的认知就是公众意志。施乐为此奋战了
20年也不能改变，只是浪费的金钱数额创纪录而已。施乐后来岌岌
可危，要靠做假账才能生存。

这样的发展史，很值得我们的联想学习。特劳特根据自己的亲
身经历，写了《大品牌大麻烦》这本书，就是希望后来者从大品牌
产生大麻烦的历史中学习到教训，从而可以避免一些灾难。毕竟
"忘记历史的人，必将重蹈覆辙"。

曾国藩曾受老师唐鉴教导，无论功业还是文章都应从读史入手。
后来曾国藩即使在繁忙而凶险的军旅中，仍然坚持每天"点读十页"
历史，这恐怕也是他日后成就震古烁今的原因之一了。几年以来，
特劳特在指导我们专业的同时，反复告诫要重实战、重历史，这也
是本书以回顾品牌战略史三个阶段为开篇的原因。中国企业人对企
业史不够重视，这方面接下来还将谈到许多，其实好多代价都是不
必要的，可以通过借鉴历史上的教训来避免。

任何成功的品牌都占有一块心智资源，这是品牌的基因。戴尔
占领的心智资源是"直销电脑"，虽然它现在已经是全球PC的老大
哥了，但还是继续在自己的领地扩大份额。中国的EMS是一个成功
的"快递"品牌，大家曾经几乎把EMS当动词使用——"我把文件
EMS给你"，这是EMS成功的标志，即一个品牌能够成为某个代名
词，它将在很大程度上垄断这块心智资源。但是EMS这个品牌要有
新的战略来激活现有的基因，因为加入WTO后国际快递公司纷纷进
入中国市场，它要考虑在全球品牌格局中如何重新定位。可口可乐
品牌之所以是世界上最有价值的品牌，就因为它成为"可乐"的代

名词。我们看到很多小孩想吃果冻的时候，他们会怎么说呢？他们说"妈妈我要喜之郎"，喜之郎就变成了"果冻"的代名词。

顺便说一句，喜之郎揭示了中国真正具有国际竞争力的企业范式，即使是入世以后它也不用怕任何竞争对手，因为它牢牢地占据了"果冻"这个心智制高点。孙子在他的《九变》篇里讲到了一个大智慧，很值得我们重视，就是"**无恃其不来，恃吾有以待也，无恃其不攻，恃吾有所不可攻也**"。意思是我不指望它不来，但我要准备好使对手不可攻。"恃"在哪里呢？"恃"在抢先占领心智资源。因为高露洁成功地抢占了"防止蛀牙"这一战略制高点，所以佳洁士就放弃了和高露洁正面攻抢"防蛀"山头，在这个山头上高露洁已不可攻了，已被高露洁成功注册了。所以中国入世后的三五年保护期内，中国企业应该干点什么呢？应该集中兵力去抢占心智资源。

很遗憾，大多数企业利用这种保护期内的竞争度不强进行多元化，甚至是品牌延伸。因为有了保护，所以竞争还远不够白热化，国内的需求仍然很庞大，多元化与品牌延伸的短期效果立竿见影。比如说娃哈哈、春兰，[⊖]都在大而不当地发展，大家还把这样的模式当作成功模式。实际上中国的大竞争时代至少要在三五年之后才会真正到来，并且那也只是个起点而已，现在的市场环境和以后比起来就像开茶话会一样轻松。品牌延伸及多领域扩张的企业，大多在构筑届时无一险可守、无一山头可待的局面。

⊖ 显然，这些年有些企业吸取了本报告的建议，比如娃哈哈；有些企业并没有吸取，比如春兰。

克劳塞维茨对战争的定义是：战争是迫使敌人服从我们意志的一种暴力行为。他接着又论述了怎样才能使对方服从我们的意志，除了把对方打击到无力抵抗之外，还有两种情况可选：一是对方认为胜算不大，二是获胜的代价过高。当我们能够控制一块心智资源的时候，我们就可以让对方感到胜算不大，或者获胜的代价过高，这样就会反过来，将促成讲和的局面，也就是对方将服从我们的意志，接受我们的标准。

像喜之郎这样的强势品牌，因为它牢牢地控制了果冻这个品类，任何一个外国企业都很难打败它，甚至也不会想去打败它。因为打败喜之郎太不合算，还不如以参股的方式帮助它发展，借助它在消费者心目中代表着果冻品类去更好地赚钱。三笑牙刷就是这样，因为在牙刷业的强势地位使得高露洁俯首称臣，从而把竞争对手转化成了最大的盟友。原因只有一个，三笑拥有了"牙刷"这一心智资源，高露洁就得花大代价来合作。⊖

大家可以看到更多抢占心智资源的企业。你看箭牌代表了口香糖、柯达代表了胶卷，反之亦然。当我们有小创伤时，我们会说用邦迪而不必说用创可贴，这说明邦迪已经是一个强势品牌。你看麦当劳拥有"美式快餐"，肯德基拥有"炸鸡"，必胜客拥有"比萨"……全聚德也是值得投资的，因为它有一块很值钱的地皮——"烤鸭"。全聚德的潜力无限，它还可以走向全球，抢占外国人的心智资源，后面再详细讲。

⊖ 需要提醒企业的是，合作关键是保护好品牌拥有权，并确保品牌能继续打造和发展，而不是被变相封杀和取代。

巴菲特说投资的秘诀在于区分三种价值：

- 一是市场价值，即通常所谓的市值；
- 二是账面价值，也就是利润、净资产之类；
- 三是内在价值。

巴菲特说，他只投资具有内在价值的公司。但是他很精明，点到为止再也不告诉你什么是"内在价值"，像中国的武术高手那样留了最后一招，就是不说。

我们在此公开他最后的秘密，所谓有内在价值就是拥有心智资源的公司。巴菲特为什么大量投资可口可乐，因为它代表了可乐；他为什么大量投资吉列剃须刀，因为吉列代表了剃须刀……你要掌握这个原则，而不要被市值和净资产迷惑。因此狗不理这个品牌就有值得投资的价值，因为它拥有"包子"这个心智资源，有很大的开发空间；张小泉也是一样，它代表了剪刀；还有百事可乐代表了"年轻人的可乐"、斯沃琪代表了"时装手表"、耐克代表了运动鞋、金霸王代表了碱性电池……

当然还有很多，只要是成功的品牌，都是因为占据了顾客心智阶梯中的某种资源而成功的，所以我们说人民创造历史，顾客创造企业。导致企业成功的不是优势团队、良好管理以及更大的投入，企业成功是因为品牌在顾客心智中占有心智资源。而失去这一资源，不论你的管理有多么优秀，投入有多大，都不能挽救一个企业的消亡。

奥妮失去"黑发"心智资源是一个例子。黑妹曾经一度在"清新口气"上坚持得很好，如果继续在这一块好好做，它应该会是一个很好的品牌。冷酸灵在"抗过敏"这个心智资源上建立了不错的品牌，而黑妹却没有做好。健力宝曾经围绕着"运动饮料"经营得很成功，从近来表现看却有失去这块资源的危险，因为它将太多精力放在各种饮品上，佳得乐正在侵蚀它的大本营。现在你想到康师傅，再也不会只想到它是方便面了，它有了太多的产品。康师傅与统一两个品牌都透支得非常厉害，就像娃哈哈一样是泡沫品牌。长虹曾经是彩电的代名词，但现在又是空调又是电池，这也是它近几年下滑的根本原因之一。春兰因延伸丢掉了空调的老大，在其他领域也不见特别突出，虽然企业规模越来越大，资产越来越多，实际上体质越来越差，品牌已虚弱得在任何领域都无法形成竞争强势。

类似春兰，这个时候企业的风险是惊人的，就像一架不符合力学原理的飞机已冲向高空，不趁早大力整顿，我们就有理由为这架飞机担心。值得警惕的是，**企业危机爆发的形式往往以现金流、利润等管理上的现象为表现，但根本原因却是品牌战略的问题**。也正是这种因与果在时空上的不相连，使我们丧失了从中学习的机会，导致企业纷纷步入同一个陷阱。

格力未站稳"空调"老大的位置，⊖又大举进军中央空调，也很可惜。虽然眼前不会有问题，却丧失了乘胜追击的大好时机。在战争中，往往只有追击才能达成最大的胜利成果，做企业也一样。可是太多企业在某个行业刚刚出头，本来应该通过乘势追击去收割

⊖ 现在看来，格力已站稳脚跟了，这很大程度上得益于竞争对手比格力战线更长。与美的、海尔等竞争者相比，格力专做空调已经很专业了。

更大的成果，却枪口掉转又去打另一个攻坚战了。

我们经常为很多企业大呼可惜，格力如此，小天鹅也一样。小天鹅如果把投入空调的几十亿元资金及人力都集中在洗衣机上，或许就能实现在全球主导这个行业，很可惜它没有这样做，非常可惜。格兰仕空调也是个败笔。一方面因为格兰仕代表了微波炉，所以在空调业是违背消费者心智负重前行；另一方面格兰仕空调瓦解了格兰仕在微波炉业的强势地位，使竞争对手得到可乘之机。

当然我们也不是主张大家一味死守一个产品，只是有更好的方法，那就是启用新品牌。海信进入空调业的策略很棒，它是国内第一个推出变频空调的。非常可惜，它缺乏品牌战略意识，如果用一个全新的品牌进入，效果会比现在好得多。[⊖]

有人说新品牌要花很多钱，这是个误区。格兰仕微波炉几乎没做广告就成功了，联想科技公司从联想拆分出来重新命名为神州数码时，也几乎不用做广告就完成了新品牌的建立工作。相反，格兰仕空调降低了人们谈论的价值。万科的品牌也主要靠公关宣传建立，而沃尔玛更是没怎么做过广告，还有近来被人们谈论得很多的像星巴克，等等。实际上打造新品牌不能全靠广告，而主要是靠公关。由于篇幅关系，这里暂不展开，只能告诉大家一个结论：**从品牌战略原理上来说，公关是建立品牌最强有力的手段。**李阳的疯狂英语没做广告就打响了一个强势品牌，同样还有新东方也是如此。

⊖ 在细分领域同样是延伸品牌的话，原领域的领导品牌更有优势。预测海信变频空调会输给格力。

《福布斯》推出一个中国沃尔沃排行榜引发了大量的谈论价值，不花一分钱广告就把品牌打响了。公关点燃品牌之火，广告是点着火后的鼓风机。但非常可惜中国企业并没有很好地利用公关的手段。企业一上新产品就想到加大广告量，浪费了很多钱不算，有时还恰恰破坏了新品牌蕴涵的"话语价值"，丧失了人们谈论的兴趣，对品牌就更是有害无利了。

好的品牌战略能自己启动强大的公关宣传，并不见得非要投入大量广告才能建立新品牌。美国第二大啤酒公司的CEO约翰·麦克唐纳在饱受品牌延伸之苦后，深有感触地总结道："就花费而言，延伸品牌所需的开支和开发新品牌的花费完全一样。"我们不妨再补充一句，不一样的是，新品牌应该看成建设，品牌延伸则是花钱破坏自己的心智资源。**启用新品牌才是成长的模式，指望通过品牌延伸来实现成长壮大从中长期看行不通。**

看看宝洁的发展史，可以给我们更多启发。当年宝洁两个合伙人创办企业的时候，他们第一个成功的品牌叫作象牙香皂。后来有一个很大的变化是什么呢？消费者开始用洗衣粉来洗衣服。照品牌延伸的逻辑，宝洁理所应当该推出象牙洗衣粉了。我们的立白、雕牌等企业就是这样做的。（当然还有康佳。康佳彩电成功了，康佳手机就出来了。）如果宝洁也是这样做的话，我们将看不到今天这么大的百年老店。其实宝洁在当年比我们现在更容易通过品牌延伸取得短期成功，因为那时的竞争还远没有今天激烈。宝洁没有那样做，而是推出了汰渍洗衣粉。

再后来又有一个机会来了，消费者开始要用洗发水洗头发。按理说宝洁已经有两大品牌了，为什么还要拿更多的钱经营新品牌呢，就推一个象牙洗发水或汰渍洗发水也未尝不可。似乎逻辑上可以讲通，但事实上行不通。新品类有新的心智资源，需要新的品牌名称才能代表，而旧有的名称总是代表着过去的某个概念。

在此我们要提醒大家，**品牌命名是品牌战略中最重要的决策**，万万马虎不得。因为竞争是在顾客心智中展开的，**好的名字才容易进入心智，从这个意义上说名字就是生产力**。像联想这样的名字，在起跑点上就已经先胜出了方正与清华同方，而像CECT手机、京瓷手机、上广电或SVA、索尼爱立信、富士施乐，这样的名字则永远难有出头之日。

宝洁后来不但在洗发水领域启用了新的品牌，而且在洗发水心智阶梯中，把每一层阶梯都用新品牌区分开来，飘柔代表"柔顺头发"，海飞丝占领"去头屑"，潘婷拥有"营养头发"，沙宣"专业护发"。就是这样新机会一波一波不断出现，宝洁以一个个新品牌把企业一步步推向了巅峰。

所以说我们不能用一个延伸的"大品牌"打天下，而是要靠步步为营的积累才有最终做大的可能。

POSITIONING

第 4 章

重新改善对待品牌的心智模式

市场第二的品牌只有通过提出与领导品牌相反的主张才能赢得竞争，否则连市场第二的位置都难保住。

因为顾客随着市场环境的改变也在逐渐地改变，而这种改变很难被企业及时感觉到，所以才有"水煮青蛙"的现象，那么在回顾了品牌战略的历史演变轨迹之后，我们可以回过头来解析前面曾列举的那些品牌观念，以及它们如何面临挑战。

误区一：品牌成功的关键在于满足顾客需求

到底是什么因素促使企业成功呢？我们习惯地认为是产品满足了顾客的需求，为此研究顾客需求、形成产品、通过合适的定价和分销将产品推到顾客面前，以及通过各类促销方式去打动顾客购买。

然而仅仅满足顾客需求远远不够，因为你不是在真空中经营企业。有太多的企业都在满足顾客需求，大家做着相同的市场调查，推出相同的产品和诉求，有太多相同的东西包围在顾客周围，而消费者只需要几个有限的选择，也只能够接纳几个有限的选择。真正有实战经验的人员会发现，商业成败的关键在于击败竞争对手，而竞争的本质发生了变化，它再也不是一场比赛，而是一场战争，一场企业之间争夺顾客有限心智的战争。

心智资源决定顾客的购买，是一个企业成长力量的源泉。**品牌经营应该围绕着在顾客心智中建立定位而展开**，不再是围绕着满足顾客需求而展开。新时代，科特勒教授曾经倡导的需求营销观念需要修正，定位观念，作为"有史以来对美国营销影响最大的观念"，在全球的商业竞争中开始成为制胜的利器。

海王银得菲面临的陷阱正在于此，它在竞争激烈的行业环境中，还以满足需求的观念指导操作，出发点就错了。海王认为，既然消费者对感冒药最大的需求是"快"，那么只要能够满足消费者的这种需求就应该获得成功。问题是市场并非真空，任何一个品类数一数二的领导品牌，都是因为满足了顾客的最大需求才成为领导品牌的。"快"作为感冒药中的最大需求，它代表的心智资源不可能没人占领。前面我们已经分析过，一旦心智资源被人抢占以后，进行正面的攻击将会无效，即一个后发品牌不可能通过正面进攻获得成功。

虽然银得菲投入了几亿元的巨资，但即使它再追加几亿元也不会成功。因为大家知道，泰诺就是满足消费者需求"快"的品牌，早就建立"快"的认知了，人们不需要更多"快"的品牌。泰诺承诺"30分钟见效"，你还花精力去攻打这点，就是鸡蛋碰石头。现在的时代，企业不会因为满足了顾客的需求而成功，除非品牌在他心目中建立了定位。

当然不是说感冒药就没得做了。[○]恰恰相反，只要带着心智阶梯的观念重新审视市场，可能会发现机会突然间变得很多。顺爽的问题也一样，"头发柔顺"的定位属于飘柔，除非你用低价，否则是很难走货的。

○ 事实上，在快速消费品OTC市场停止销售近一年，不含PPA的新康泰克于2001年9月重新上市，居然逐渐夺回了领先地位，这完全有赖于银得菲等竞争者不得法的品牌战略。

　　大家恐怕很难想象满足需求的思维定式给企业带来的影响。我们发现当下企业与企业之间的竞争仿佛是在进行一场看谁的市场调查做得好、做得更深入的比赛。企业每年花在研究顾客需求方面的钱和精力像军备竞赛一样彼此交互增加，市场调研的工具和花样也五花八门。拉斯克尔说：大多数的市场调查只是证明了驴子果然有两只耳朵。银得菲不需要大规模的调查，也能知道消费者对感冒药的需求是快，而这些明显的需求已被行业先行者占有了。于是又有大量的市场调查指向对顾客潜在需求的研究，这更是一个陷阱多如满天星的做法，一是顾客从来就不知道他自己到底潜在的需要是什么，二是顾客对于未出现的产品或服务无从评价，三是顾客会说一套做一套（给市场调查人员的通常是他认为回答正确的答案）。定位的观点认为，**市场研究的方向不是研究顾客的需求，而是研究竞争对手在顾客的心智中占有何种定位，拥有何种心智资源，然后在这个基础上来制定品牌的定位战略。**

误区二：更好的产品、更佳的团队、更大的投入，必将胜出

　　联通新时空试图用更好的CDMA产品来与领导品牌中国移动竞争，也是没有威力的。因为信息时代的顾客，为了保护自己，不会对每一个宣称能"更好"满足其需求的产品感兴趣，他只会把每一个品牌都当作自说自话，不值得理会。另外，顾客也没有能力对每一个宣称"更好"的产品真正研究、了解和比较，因为他接触的信

息实在太多，即使是身边的信息，也使人对周边环境无力应付。

彼得·圣吉在《第五项修炼》中说："没有人能在脑子里装进整个组织、家庭或社区的事情，我们脑子里所装的是一些对事物的印象和假设。"这些印象和假设就是顾客的心智模式。圣吉接着说："为什么心智模式对我们的所作所为有这么大的影响力呢？**因为心智模式影响我们所看的事物。**"既然消费者认定了中国移动是领导品牌，那么这个心智模式将导致他看不见联通新时空的优势。

太多的企业人误以为只要产品比领导者好，能更好地满足顾客的需求，真相总会大白于天下。事实上顾客的想法和你一模一样，既然中国移动是领导者，肯定因为它是最好的，所以才会最终胜出——他也坚信最好的终将胜出，所以你不能凭借比领导者"更好"而胜出。

对付领导品牌的秘诀，在于实施与领导品牌针锋相对的反向策略，在顾客心智中建立相对的定位。可口可乐是传统而历史悠久的可乐，那么百事可乐就与之相反，提出了自己是"年轻人的可乐"，于是它开始起飞。奔驰是大而宽的超级乘坐机器，宝马则针锋相对地定位为小而动力十足的超级驾驶机器，于是宝马开始腾飞。美国航空是大而全的多舱级航空公司，特劳特为西南航空发展出的战略就是反其道而行的"单一舱级，短途飞行"。该定位造就了西南航空的巨大成功，1997年起连续多年被《财富》杂志评为"美国最受尊敬公司"。在中国市场，领导品牌红桃K"补血快"，而血尔口服液定位为"补血持久"一炮走红。

实际上特劳特在《22条商规》中总结过一条法则，指出**市场第二的品牌只有通过提出与领导品牌相反的主张才能赢得竞争，否则连市场第二的位置都难保住。**

至于联想的更好管理与更好团队，前面已经分析过了，是靠不住的。当你占有了心智资源之后，就成了某个领域的领导者，而占据领导地位的公司才恰恰可以吸引到一流的人才，建立一流的团队。想想一个人如果有志于软件业，难道他不想去微软？如果从事零售业，他不想为沃尔玛工作吗？实际上像宝洁这样的公司，每年都可以在全球一流的大学毕业生中挑肥拣瘦，优等生也的确以进宝洁这样的公司为荣。

说到管理优势，我们常用骑自行车来比喻定位与管理之间的关系。大家想想看，当自行车不动或动得很慢时，对骑手的技术要求就非常高，当自行车正常行进时，常人也可以自由驾驭。占有定位的公司，顾客将拉动企业成长，就像行进中的自行车不需要特别的管理天才也可以驾驭。相反，定位不明确的公司因为没有来自顾客的拉动力，就像慢速与停滞的自行车，对驾驭技术要求很高。

没有心智资源的公司特别需要能人或英雄。而有趣的是，如果真有英雄出现，又恰恰是因为他遵循公众意志行事，为企业找到了心智资源。没有心智资源，再好的团队、管理、投入都无济于事，或者说定位不明确的企业团队，本身就不是一流的团队，更谈不上有好的管理。

这一切就像杰克·韦尔奇所说的，如果你不能做到行业的数一数二，你就没有资格也没有能力谈奉献社会。

现在的商业竞争，不再围绕满足顾客需求而展开，而是围绕品牌定位而展开。定位，就是在顾客的心智阶梯上占据"数一数二"的位置，这样才有资格被顾客选择，去满足他的需求。

误区三：企业形象与品牌形象是促进销售的核心力量

虽然借助品牌形象与企业形象来促进销售的观念在中国还大行其道，但我们认为就像品牌形象在美国20世纪70年代以后行不通一样，品牌形象在中国今天的环境中也是个美丽的陷阱。

品牌形象的操作，本质上是满足顾客需求。在回顾品牌战略的演变过程中我们提过，品牌形象理论是大卫·奥格威提出来的，它将顾客的需求一分为二，包括功能性利益需求和感性利益需求。瑞夫斯提出的USP理论，强调了产品的功能性利益，而品牌形象理论，则倡导通过多方位的宣传来增加品牌形象的感性利益，更好地满足顾客需求。

但在信息时代，由于信息爆炸、媒体泛滥、产品剧增，顾客在这样的环境中已没有能力和精力来格外垂青你的品牌，感受你试图塑造的形象或个性了，**顾客只能接受简单而直接的诉求**。最重要的是，由于选择增多以及对众多品牌存有普遍信赖，顾客不再强求大企业、大品牌的品质保证了，他更多地关心购买选择的便利性，直接选购那些定位明确的专家品牌。例如，也许你会觉得海尔的企业形象更可靠，海尔的品牌形象更美好，但购买微波炉时消费者还是更多地选择格兰仕，因为格兰仕就是微波炉的代表与专家。

为此，我们已写作了一本叫作《不同于奥美的观点》的册子，详尽分析了品牌形象在今天中国的危害。我们认为奥妮是一个可惜的品牌，第五季也是一个品牌形象的受害者。如果再不停止投入或还不重新定位的话，第五季会把整个健力宝企业拖入泥潭。

一个品牌只有确立了定位之后，品牌形象才能发挥出丰满品牌的作用，为明确的品牌增加感性利益，使品牌具有鲜明的个性。同样有了品牌定位之后，USP也可以成为传播定位最具差异性的口号。比如说奔驰的定位在于"名望"，但是名望不能直接说出来，说出来的话会打击顾客，等于说顾客是"暴发户"。于是奔驰用一个独特的USP很好地解决了这个问题——世界上设计最完美的汽车。

相反，没有定位基础的USP与品牌形象，都行不通。例如乐百氏纯净水凭着"27层净化"的USP成功后，竞争加剧了，品牌发展的方向也就无所适从了，它其实是面临着在新竞争态势下重新定位的问题。金龙鱼的"1：1：1"也会面临同样的问题，必须解决好品牌的定位战略，否则成功不会长久。力士香皂也是，它只有一个好的形象，因此卖不过明确定位为"杀菌"的舒肤佳香皂。

中国市场环境和美国很不一样的地方，在于它不是一个渐进成熟的市场，而是一个受全球一体化影响快速发展的市场。这样导致了**中国的市场环境不是产品（USP）、形象、定位一个时代一个时代逐渐推进的，而是三个时代并存且迅速跨越。**在某些领域竞争相当初级，企业拥有一个USP就可以脱颖而出，而有些领域似乎用品牌形象也还凑合，但就总体而言这两个时代的时间非常短，迅速向竞争高级的定位时代转化。尤其是品牌形象操作，在中国尤其要小心，不可依靠形象来建立品牌。只有在品牌明确定位之后，它才可能起到丰满品牌的作用。

误区四：品牌延伸可以利用现有的品牌资产在新领域获得竞争力

娃哈哈通常被专家列为是利用品牌资产进军多领域的成功案例，但我们却为这个品牌担心，这就是我们讲过的泡沫品牌。茅台啤酒、茅台红酒也一样，不但不会成功，还会削弱茅台作为国酒的至尊地位，破坏祖传的品牌价值。

在品牌竞争时代，品牌都在围绕如何抢占心智资源，如何在顾客心智中建立定位而展开经营，品牌延伸的最大"功劳"恰恰在于模糊企业原来苦心建立的定位。自拆圈地用的围墙，原以为可以圈更大的地，殊不知围墙一倒竞争对手将从四面八方像恶鹰一样袭来。

误区五：做大规模才能增强企业竞争力

规模不等于竞争力，顾客心智中的强势地位才是真正的竞争力。也就是说，是否拥有心智资源才是企业的力量所在，没有心智资源的企业，规模再大也没有意义。比如IBM、莲花公司，都曾因失去心智资源而岌岌可危，又都因重新定位后获得心智资源而焕发勃勃生机。IBM原来占有"大型主机"的定位，该定位使它成为美国最成功的公司，后来IBM把品牌相继延伸至小型机、个人电脑、软件、芯片等领域，以至于被各个领域的专家级对手肢解。例如，IBM在PC机领域被康柏、戴尔打败，在软件领域被微软打败，在工作站领域被升阳打败，在芯片领域被英特尔打败。由于各领域的败退，IBM在1991年亏损28亿美元，1992年亏损56亿美元，1993年亏损81亿美元。IBM陨落的原因很简单，它在顾客心智中再也不能代表任何东西，也就是失去了心智资源。当IBM重新定位为"集成电脑服务"商时，它才成功地实现了战略大转型。莲花公司也一样，当它的当家产品Lotus 1-2-3试算表被微软的Excel打败之后，企业危在旦夕，后来特劳特为该公司的新产品Notes定位为"网络群组"软件，结果莲花公司凭此战略走出了危机。IBM花了35亿美元买下了这家公司，说买下这家公司并不准确，而是买下了这家公司在顾客心智中注册的心智资源——网络群组软件。下文中将为大家更加详尽地讲述这个定位如何卖出35亿美元的故事。

当然还有更多的例子。海尔的心智资源在哪里呢？实际上，驱动海尔成长的力量在于其"中国家电第一品牌"的定位，或者也可以说是中国最高档的家电品牌的定位。不管有意还是无意，海尔的这一战略设计是有迹可寻的。

不知大家是否还有些印象，多年以前，大概是1995年年底，当时国务院发展研究中心在评"中华之最"，海尔拿到了"中国家电第一品牌"称号，并在全国迅速展开了声势浩大的新闻与广告攻势。这是一场抢占心智资源的大战。从那个时候起，海尔就占领了战略的制高点。

　　围绕建立定位而展开战略配称，海尔一系列的整合也非常到位。从产品上来看，海尔是第一个进行多产品布局的，这样有利于消费者形成对海尔的第一印象就是家电的认知。这不像长虹，消费者认定长虹是彩电之后，再去改变就不太可能了。其次是然后的高价策略，渠道中的店中店、形象店以及与众不同的广告推广方式等。例如，海尔会把各个城市中最"高档"的一条路，用户外广告武装为"海尔路"。所有这一切，都可以看出海尔围绕"中国家电第一品牌"定位战略展开的战术都很到位。近来海尔在海外扩张，在美国设厂，也是这一战略下的创新形式，虽然外界质疑其举措的投资回报率，但这些行为不能从项目本身来看，正如高露洁大举投入竞标中央台的黄金时段一样，这是大战略的必需。

　　试想在全球一体化之后，西门子、伊莱克斯等世界品牌进入中国，受冲击最大的会是谁？就是海尔。海尔如果没有走出去的策略，那么中国市场都未必保得住，因为在中国消费者的心智中，"进口""国际名牌"等认知还相当占有强势，这将危及海尔"中国家电第一品牌"的定位，使得它成为同业中承受国际冲击最大的品牌。要想保住现有地位，海尔必须走出去成为国际品牌，才有可能守住"中国家电第一品牌"的地位，这方面海尔还有很长的路要走。

　　至于海尔推出电脑并不适合，海尔不应该为求规模而扩张。毕竟，现在大量满足消费者的需求已不足够，规模不是核心竞争力，顾客心智中的定位才是。

误区六：追求日韩成长模式，或用标杆法定点赶超

追求日韩成长模式，其实在中国比较普遍，特别在家电领域更是如此。

春兰的业务构成就像是个小三菱。但实际上，中国已经没有建立三菱、通用电气这类企业的可能性了，竞争环境不一样，再也没有单品牌多元化做大企业的机会了。春兰再不调整，在未来的日子里将被众多专家级对手所肢解。这里的教训就是韩国四大家族之一的大宇，它现在已经破产。像LG、现代这样的企业也正在步大宇的后尘。[⊖]

日本企业的规模虽然非常大，但是从全球来看它已不具有竞争力。1995年特劳特与里斯做了一项研究，发现日本企业100强和美国企业100强的销售额非常有意思，刚好都是2.8万亿美元。可是日本企业100强的净利润连1%都不到，也就是说几乎不赚钱，而美国企业100强的利润却高达6.6%，是日本企业的6倍多。这里面的核心原因，是日本企业的发展模式比美国的模式要庞大复杂得多，既是多元化，又是品牌延伸，导致了日本企业的赢利能力虚弱，银行不良资产居高不下，源头就在于没有活水引入。在美国的前十大企业中，只有一家通用电气是多元化的企业，而日本的十大企业中八家是多元化企业，只有丰田汽车与日本电报电话不是多元化企业。特劳特、里斯两人从品牌战略的角度，解释了日本经济为何长期低迷，

⊖ 现在还要加上三星。

银行坏账为什么居高不下，因为**品牌延伸导致品牌虚弱，品牌赢利乏力**。

定点赶超的问题也在于此。中国企业在设定标杆的同时，就已经默认对方的发展模式了，或者把发展模式当成了目标。正如钱钟书在《围城》中所描绘的，中国人早期做西装时，把西装上的补丁也一板一眼地学了过来。

一方面中国已经没有套用日韩模式成长的可能性，另一方面日韩模式在当今剧烈竞争的环境中本身就缺乏竞争力，中国企业的机会不在于追赶标杆，而是反其道而行，在日韩企业宽泛领域的局部实现集中突破，将其逐块切割。像格兰仕微波炉、喜之郎果冻、比亚迪电池、远大中央空调等，都是成功的例子。很可惜，当今我们的主流倾向还在以春兰、长虹、TCL这些品牌延伸企业为楷模，这才是中国企业的危机[⊖]。

虽然目前中国的发展赢得全球一片叫好声，不但实现了20多年的高增长，而且还风景这边独好，但在这种高增长背后，支撑经济主体的，有些是大而全的虚弱品牌。受巨大需求的拉动和全球化竞争度不充分两个因素的作用，我们的有些企业在短期内可以成长，然而等到竞争真正充分之后，它们将很可能重蹈日本企业长期陷入泥潭的覆辙。企业为了满足顾客的需求把品牌延伸进入其他的领域，从而破坏了品牌在顾客心智中的定位，使得品牌没有强势到主导某个品类，这将导致赢利能力薄弱，居高不下的

⊖ 近些年高兴地看到，本报告的观点正日益被普及，现在格力开始成为家电业的楷模。

银行不良资产将因缺乏活水的引入而发臭。从品牌战略方面的分析看，中国经济高增长的背后有一些结构性隐患。

误区七：产业的发展方向是走向融合

认为产业的发展方向将走向融合，恐怕是当前一些企业进行品牌延伸从而破坏自己原有定位的重要原因之一。

实际上恰恰相反，产业的发展方向不但不是融合，反而是走向分化。品类之间不但不会融合成某个大品类，单个品类反而会分化出更多新的品类。企业的机会，在于顺应顾客的分类体系，以定位经营创造出一个个细分品牌，而不是去改变原有的分类与认知。

最早IBM的大型主机就代表了电脑，后来电脑逐渐分化出小型主机、个人电脑、家用个人电脑、商用个人电脑、掌上电脑、笔记本电脑、工作站……目前电脑的品类还在进一步分化，并且每个分支都有不同的领导品牌主导着细分市场。

至今我们还没有看到过一个叫作"信息家电"的品类，它集通信、计算、消费电子于一身，即使微软为此已耗费了几十亿美元，比尔·盖茨更像未来教父一般向人们描述了他那个神奇的盒子——"机顶盒"，它可以帮助人们实现3C融合。国内也有不少厂商，的确推出过一些叫作"信息家电"的产品，集电脑、电视、电话于一体，但那只是在严重同质化背景下所玩的概念而已，销售上从来就不曾成功过。

前面也介绍过了无论是施乐、IBM还是AT&T，当年都曾为产业会走向融合的假设，纷纷进行串联：施乐做电脑，IBM做复印机，AT&T做电脑、进入有线电视领域，等等，结果均付出巨大代价，施乐与AT&T更因此走向消亡之路。在《大品牌大麻烦》一书中，特劳特对这两个企业进行了深入的个案分析。

历史上确实曾出现过水陆两用的汽车和可以悬浮的飞车，但都没有销量。人们还是觉得水里开快艇、陆上驶汽车、空中驾飞机会更好。从3C来看，电脑的品种越来越多，通信与接入方式也不断丰富，消费电子类产品更是层出不穷，每一个细分领域都为专家品牌带来机会，成就了一个又一个企业。身处信息时代的人们总是将心智资源尽可能地简化，只接受简单的信息，融合的产品违背了这个公共意志，因为产品会走向复杂，功能集成越多，消费者就越难处理。傻瓜型相机为什么能如此广受欢迎？因为它顺应了消费者走向简单的心智。苹果电脑公司曾耗巨资推出了一款掌上电脑牛顿，各项功能齐全，电话、上网、文字处理等无所不包，结果牛顿给苹果带来了灾难。反而是功能简单的Palm，定位为电脑的伴侣，只有几个简单的功能，它不是想替代电脑，而是作为电脑的外设而存在，于是大获成功。**融合使产品更复杂，分化使产品更简单，产业的方向是分化。**

从上述的介绍中，大家已经理解了特劳特所发现的品牌战略原理是如何运作的，它实际上在科特勒需求理论上又前进了一步，指出新时代的经营不再是围绕满足顾客需求展开，而是围绕在顾客心智中建立定位展开。新理论同时回答了为什么USP与形象的品牌战略方法会有效，因为它们分别增强了品牌的功能性利益与感性利益认知。

　　富有戏剧性的是，特劳特告诉我们，其实他是瑞夫斯的徒弟。真是三十年河东，三十年河西，不知道奥格威后来还敢不敢去丈母娘家拜年。

　　接下来，我将向大家介绍如何为品牌建立定位。

POSITIONING

第 5 章

品牌定位的三种方法

一旦占领了心智资源，给竞争对手带来的压力就不仅是灾难性的，而且是长期性的。

这里根据企业所处的战略形势，介绍三种定位方法。

第一种方法：抢先占位

在任何一个品类里面，都存在着有价值的阶梯，当这些阶梯空置着没有品牌占据时，你可以一马当先去开拓这个领域，抢先占有这个资源。

高露洁比佳洁士抢先占领中国市场的"防蛀"阶梯，就赢得了持久的优势，而且这种持久优势，可以持久到令人难以置信的程度。一旦你圈定一块地之后，就像拥有一座油井一样，财源滚滚不绝。特劳特做过一个有名的研究，追踪分析了自1923年以来和美国社会息息相关的25个行业，发现这25个行业的领导品牌，至今只有4个失去了领导地位。其重要原因，就是领导品牌占有最好的心智资源，而顾客的心智模式难以改变。所以我们经常讲，**一旦占领了心智资源，给竞争对手带来的压力就不仅是灾难性的，而且是长期性的**，终其一生，竞争对手都将生活在你的阴影之下，反之亦然。

佳洁士在中国碰到的麻烦，是被高露洁抢先占去了"防蛀"定位；奥妮之所以一蹶不振，是因为失去"黑发"的心智资源。所以说品牌对好的心智资源一定要抢先占据，要去研究各自所在品类的心智资源，然后迅速抢占制高点。

举个例子，步步高进入电话机市场时，严阵以待的厂商已有上百家了，其中TCL更有"中国电话大王"的称号，步步高如果与对手们展开正面竞争，是很难取胜的。步步高采取了什么战略？它发现在电话机行业里面有一个空白点，没有一个品牌代表着无绳电话，于是它一马当先提出："步步高无绳电话，方便千万家。"现在步步高已成为无绳电话的领导品牌，即当步步高成为无绳电话的代名词时，我们就可以说这个品牌占据了这块心智资源。虽然无绳电话是个小品类，但只要你占有这个油井，其利润也是非常丰厚的。[⊖]

这里需要特别指出的是，步步高并不是在市场上第一个做无绳电话的，侨兴比步步高要早得多。其中的关键正如前面所说，要进入顾客心智才有意义，只有在顾客的心智中完成注册，品牌才是安全的，在工商局注册只是取得经营资格而已。侨兴无绳电话没有在消费者心智中完成注册，尽管它已经有很大的销量，也有不少的资产，但品牌仍然是无力的。侨兴最大的错误在于没有及时封杀步步高。

资产、规模不等于竞争力。可口可乐的资产与规模哪怕灰飞烟灭，它凭着在消费者心智中占有的心智资源——可口可乐就代表可乐，全世界的银行都会争相贷款给它，不用多久心智资源将再生出一个同样规模的公司。所以心智资源就像是油井一样，一旦我们占有了油井，企业就获得了源源不断的动力。

这也正是步步高后发制人的秘密。步步高并不在乎对手先发现

⊖ 可惜的是，步步高依然热衷于品牌延伸，也就没有集中精力于无绳电话，而是不断地进行品类创新与市场开拓。

消费者需求，作为市场的后进入者，它用大规模的广告预算，迅速、直接地抢占心智资源，从而使对手在市场中的资产失去意义或处于不利地位。其间的要害之处是，在抢占心智资源胜负未决的关键时刻，千万不要受到年度预算的约束而功亏一篑。**企业最大的敌人往往不在外部，而是内部的财务总监或企业主的年度投入产出比思维。**其实中国的市场身处一个五百年不遇的大转型期，往往按照规范的模式反而会使企业束手束脚，丧失长远的战略利益。高露洁的媒介总监敢于突破常规的"千人成本"计算模式，进入中央电视台的黄金竞标时段，为品牌获得了战略上的持久优势，荣获了公司总部颁发的"年度创新奖"及股票奖励，其中的启示很值得中国企业界学习。

但要格外注意，有些油井是干枯的，也就是说有一些假阶梯、假资源，根本没有价值。像什么"太阳神减肥牙膏"，是很难成功的，还有什么"太空酒"之类的，地皮下面就是个陷阱。⊖

还有一点，心智资源是不平等的。"防蛀"是牙膏类产品现有的最大价值，"头发柔顺"是洗发水中目前最好的地段，"持久"是电池的最大心智资源。就好比房地产有一些位于黄金地段，有一些则不是。

另外对于一些趋势性心智资源要予以关注。比如说，戴尔在十多年前发现"直销电脑"一定会飞速成长，诺基亚的奥利拉看出了"移动电话"将成为潮流，现在他们缔造的企业由于占有了这两个资源，都成为大行业领导者。

⊖ 作者见过最有趣的定位是"畅享成长"。

第二种方法：关联定位

好的位置已经被人抢了，即黄金地段被人家拿走了，怎么办呢？我可以跟它关联在一起而顺带成功。这里的原理就是，顾客购买某类产品时受到心智阶梯的指引，那么当他想到第一选择的时候，因为我和第一产生了关联，他就能马上也联想到我的品牌。

这个方法很有戏剧性。比如说七喜，它发现美国的消费者在消费饮料时，三罐中有两罐是可乐，于是它说自己是"非可乐"。当人们想喝饮料的时候，第一个马上会想到可乐，然后有一个说自己是"非可乐"的品牌与可乐靠在一起，那就是七喜。"非可乐"的定位使七喜一举成为饮料业第三品牌。

前面谈到的步步高，也曾巧妙地运用了这一原理。步步高做VCD机的时候，市场已经进入白热化阶段了，中央电视台黄金时段的12个广告中有10个是VCD，用常规的方法是不可能成功了，但步步高却运用关联策略脱颖而出，它是如何做的呢？它首先发现领先品牌爱多VCD很有特色，那就是由功夫巨星成龙来说"爱多VCD，好功夫"，于是它就动用同样是功夫巨星的李连杰来针锋相对，说"步步高VCD真功夫"。这样，当消费者买VCD机时，首先会想到爱多，接着马上就想到了步步高。关联定位也引发了大量的报道，几乎所有写VCD大战的文章中，都会提到这两个打在一起的"活宝"。于是落霞与孤鹜齐飞，秋水共长天一色。步步高借力打力，再一次后发制人，以小搏大，一下子就跃过了众多品牌，进入了消费者心智，成为第二选择，这就是关联法的力量。其总裁段永平也颇有周瑜风度，谈笑间，樯橹灰飞烟灭。其实最高级的竞争就是在玩一场心智阶梯的游戏。

金蝶软件曾经通过"北用友，南金蝶"的公关宣传，借用友之势迅速获得发展，也是很不错的策略。

第三种方法：为竞争对手重新定位

当有价值的地皮已经被人家牢牢圈住了，应该怎么办呢？通过把它挤开、推倒，然后把这个地皮和产权拿到手。

方法就是发现对手的弱点，从它的弱点中一举攻入，把它拿下来。其心智原理是这样的：当顾客想到消费某个品类时，会立刻想到领导品牌，如果你作为一个替代角色出现的话，有可能在顾客的心智中完成一个化学反应——置换，这样你就替代了领导品牌。

举一个例子，当泰诺林进入头痛药市场的时候，消费者心里第一个想到的就是阿司匹林。于是泰诺林攻击阿司匹林可以导致胃肠道毛细血管的微量出血，就从这一点攻入，把阿司匹林替换掉，成为领导品牌。

这里面有两个问题要注意：

• 第一，实力不足不能实施这种战略；
• 第二，不能攻击领导者非战略性的弱点。

关于攻击领导者的战略性弱点，我们举一个例子。在企业史上百事可乐和可口可乐的战斗一共打了105年，但是前面的70年可谓是漫漫长夜，百事可乐长期生活在可口可乐的强大压迫之中。百事可乐也曾三次上门请可口可乐收购，却遭到对手拒绝。因为百事可乐的攻击点即定位不准确，攻击的效力很差，其中最有名的一次攻击在是20世纪30年代。大家知道，美国20世纪30年代是经济萧条时期，大家没有钱，这时百事可乐推出了一个广告，说："花同样的钱，买双倍的可乐。"它从价格上去打击可口可乐，短期内奏效了，但很快，当可口可乐把价格降下来之后，优势又回到可口可乐的手中。也就是说，**对手可以复制的战略就不是好的战略，因为它没有对准对手的战略性弱点。**

进入20世纪60年代末期，当百事可乐定位于"年轻人的可乐"时，才算找准了可口可乐战略上的弱点。因为可口可乐是传统的、经典的、历史悠久的可乐，它的神秘配方至今仍被锁在亚特兰大总部的保险柜中，全世界也只有七个人知道保险柜的密码，所以当百事可乐找出针锋相对的反向策略，把可口可乐重新定位为落伍的、老土的可乐时，百事可乐从此就走上了腾飞之路。从三次请求收购到80年代中期几乎逼平可口可乐，并最终迫使可口可乐放弃传统的配方，转而推出新配方可乐，即复制百事可乐的"新一代"战略，百事打了一次大胜仗。可口可乐复制百事可乐新战略的结果是企业史上有名的大灾难，甚至发生了消费者上街示威游行的事件，消费者的口号是："还我可口可乐！"可口可乐不可能复制"年轻人"的战略，事实教育了可口可乐回到传统可乐上来。

特劳特为七喜汽水发展出的"不含咖啡因的非可乐"战略，也是攻击了可口可乐与百事可乐战略上的弱点，才使七喜汽水一举成为美国的第三大饮料。作为可乐品类的两个代表品牌，可口可乐与百事可乐的配方中是必须含咖啡因的，没有咖啡因就不能叫可乐，所以"不含咖啡因"的战略是对手不能复制的。不过后来两大公司确实忍不住了，居然还真推出了"不含咖啡因"的可乐。像新可口可乐一样，结果当然行不通，它们都没有成功。

联通新时空的策略也是一样，要从竞争对手战略上的弱点建立定位，然后再集中战力全力推进，使竞争战略发挥威力。

还要注意的是，**暗示性攻击无效**。什么是暗示性攻击呢？前面谈到过佳洁士，它通过几年的努力反攻高露洁，想抢回"防蛀"的心智资源，却遭到了失败。最近他们调整了战略，推出了"防蛀不磨损"的诉求，也就是暗示高露洁是会引起牙齿磨损的牙膏，这就是暗示性攻击。

佳洁士这种策略的收效不会太大，因为消费者并不会因此在购买高露洁的时候担心它磨损牙齿。**攻击战略必须明确指出自己要替代的品牌是谁，才能产生置换效应**。暗示性攻击没有指明要替代的品牌，消费者不会深究你的诉求和指向，不会连接两个信息的关系，他总是尽可能地逃避信息的袭击，于是他还是按自己的惯性进行购买。对佳洁士来说，它的诉求会被理解为"更好"的产品，而消费者对"更好"的信息是不会加以处理的。

那么丝宝集团推出的风影洗发水，以"去屑不伤发"的诉求暗示性攻击海飞丝，为什么又在短期内收效明显呢？那是因为丝宝动用了大量的现场促销人员，在市场终端为消费者导购时帮助购买者在心智中完成了置换效应。你可以想一想，当消费者要购买去头屑洗发水时，他心智阶梯里第一个跳出来的品牌是海飞丝，这时风影的促销员就可以开始做工作了。

当然，这里有两个副作用值得警惕：一是会招致官司，二是经营成本很大。虽然中国有人力成本低的优势，但对管理的挑战也是重大的。

POSITIONING

第 6 章

定位之后的系统整合

"我知道广告费至少有一半被浪费掉了，但问题是，我不知道究竟是哪一半。"

有了定位，确立了心智资源以后，不但能帮助即时的销售，更重要的是从此才算真正踏上了品牌积累之路。不过这的确是一条崎岖而艰难的道路，正如奥格威所说："傻瓜都会做生意，但要建立品牌却需要天才、忠诚与坚忍不拔。"所以，明确定位只是一个起点，只是探明了水源，想真正拥有心智资源，还需要一个艰难的挖井过程。这个过程倒的确需要更好的管理、更好的团队与更大的投入。

那么有了定位之后，应该如何来展开具体的系统整合工作呢？

甚至科特勒教授终于也意识到了，在营销开始之前有一个具有决定性意义的步骤，即定位，并且定位之后一切的营销组合都将因此而改变。所以，他在为《定位》的美国版作序时说，自从有了定位观念之后，营销界从此被改变，定位被称为有史以来最具革命性的营销观念，实在当之无愧。科特勒在他的代表作《营销管理》中写道，解决定位问题，能帮助企业解决营销组合的问题，营销组合本质上是定位战略战术运用的结果。一旦知道了要抢占的心智资源，即明确定位之后，你就能确定产品价格、分销、广告、公关、包装、命名等各种营销手段了。所有这些手段，都是为战略实施（抢占定位）而服务的。

如果企业没有解决好定位问题，往往会变成把最后的胜利押宝在营销副总裁或市场部长的战术努力上。因为平庸的战略要求战术执行人员"一不怕苦，二不怕死"，高明的战略是可以容忍平庸战术的。

　　孙子早就指出过这个问题，他说："善用兵者，求之于势，不责于人，故能择人而任势。"可是我们的老板往往是事发之后"责于人"，而很少去反思自己的战略大势。宝洁的广告与促销看起来平淡无奇、不惊不乍，却威力十足。中国有些企业整天都是烽火硝烟，却只能穷于应付，其根本原因就在于此——没有解决好品牌的定位问题。

　　百事可乐在没有寻找到"年轻人的可乐"这一定位前，经营也是乱七八糟的，自从确立了"年轻人"这一定位之后，它的品牌开始变得威力十足了，却并不见得如何惊天动地。例如它的产品，无非就是符合年轻人的口味，偏甜一些而已；它的价格会低一些，包装会大一些，这也是为了迎合年轻人；还有它注重年轻人常在户外活动的特点，做流行巨星广告，赞助青少年体育与音乐活动，都是很自然地围绕"年轻人"这个品牌核心资源来展开的。正是这些看似平平淡淡的点点面面积累起来，这个品牌就很强大了。

　　国内也有一个成功的案例——农夫山泉，它把自己定位为"天然水"，然后围绕这个心智资源进行了经营的系统整合：它的水来自千岛湖，富含天然微量元素；它的上市价格比不含矿物质的纯净水要贵；它首先面向学生目标群体和渠道推广，因为天然水对成长期的孩子有益；它的广告说"农夫山泉有点甜"，就是要暗示水里含有什么东西，不是那种平淡的纯净水……这些看似普通的做法，由于有了一个明确的定位指向，统合起来力量非常大，很快就抢注了"天然水"的心智资源。

　　应该说明一点，不是说在农夫山泉之前没有天然水，实际上不是，市场上原来就有几百个天然水在满足消费者需求。最重要的是，这些品牌只是进入了市场，在工商局注了册，并没有在消费者的心智中注册。只有农夫山泉围绕着天然水配置所有的资源，围绕品牌定位展开经营，才获得了非常大的成功。

品牌缘自整合

可惜农夫山泉后来价格下调，与其心智资源的匹配背道而驰，或者说在整合上严重缺位，从而破坏了这个品牌的潜力。作为天然水，农夫山泉是靠攻击乐百氏、娃哈哈这些纯净水缺乏微量元素而成功的，它作为更好的水，价格就应该贵一些。价格上与纯净水的接近，使农夫山泉失去了品牌的独特性，阻碍了品牌发挥更大威力。

在品牌打造的过程中，不能有丝毫的马虎。从某种意义上说，**品牌成于细节**。

比如上海大众的品牌细节整合就很不到位，大大削弱了品牌的力量。它将一个VW符号，从最低端品牌桑塔纳，依次往上挂到Polo、桑塔纳2000、帕萨特身上，这将严重模糊每个品牌的定位。**成功的品牌需要有独立身份，品牌符号是消费者识别品牌的重要标志**，我们相信帕萨特的拥有者一定恨不得把车前面的那块VW大饼抠掉，因为它破坏了帕萨特高于桑塔纳的定位。

上海通用在别克与赛欧两个品牌上同样出现整合不到位，虽然目前还不至于对销售构成威胁，但在品牌整合上为未来埋下了隐患，现在所赚的钱很可能届时将付诸东流。

一汽在品牌的整合方面要做得好些，但它在系统的品牌规划方面却不敌上汽，显得很混乱，客车、货车、轿车什么都做，产品线太多。还好它有一个强势的品牌奥迪A6，捷达也由于前面的那块VW饼，让消费者将其和上海大众的桑塔纳2000混在一起，无法形成品牌区隔。红旗就很不成功了，海南马自达也不行，还停留在纯粹的产品经营层面，没有上升到品牌经营的层面。由于产品线太多、品牌太多，整个一汽很像1921年之前的通用汽车。如果一汽好好研究一下通用历史上斯隆是如何重新规划通用品牌系统的，一定会有重大的启发。

在品牌整合方面不到位的还有很多企业。比如青岛啤酒，它旗下的品牌也是比较混乱的，光是青岛品牌就有普通、优质、金质、极品等。这种品牌规划非常典型，其出发点无非是希望通过用一个大品牌分别占领高中低档市场。⊖这当然又是企业内部的阶梯，只会破坏品牌，赶跑忠诚顾客。对于喝普通青啤的顾客而言，金质青啤与极品青啤时刻提醒着他，他所喝的是青啤中的低档货，这种感觉并不好受，尤其是大家有社交需要时。去喝极品青啤的消费者，则会认为普通青啤破坏了他的消费档次与品位，明明花了比较高的价钱，为什么不去喝一个明显高档的品牌呢，像喜力、嘉士伯或者百威都可以。这样一来，青啤两边都不讨好，品牌的销量中比较大的一部分是建立在流动人群身上。当一个品牌缺乏强大的忠诚顾客作为支持时，品牌是有危机的。

⊖ 现在啤酒业最为突出的现象，是将普通啤酒品牌延伸至纯生啤酒，作为高档选择，这为专门的纯生或高端啤酒品牌提供了机会。

再来谈谈中粮集团。我们请大家写出国内葡萄酒的购物单，大多数人的前三位是张裕、王朝、长城，当然购物单上也很少有超出七个的。张裕是现在公认的葡萄酒第一品牌，但我要告诉大家一个统计的结果，长城无论是在出口市场还是在国内市场都是销量第一的。长城的问题是没有把市场优势转化为心智优势。如果长城不能把市场优势转化为心智优势，那么它的市场份额终将回归到它在消费者心智中所处的水平。这不是事实的问题，而是认知的问题，消费者把你放在第三位，你终将无法抗拒这个"公众意志"。长城的问题一方面在于其昌黎、沙城与烟台三个厂不能实现协同，甚至产品都不同，从而破坏了品牌最重要的一个功能：可预期性。另一方面，中粮在观念上还没有从需求导向的市场经营转变到建立品牌的心智经营上来，所以中粮旗下的品牌都只是二线品牌。例如，福临门食用油就敌不过金龙鱼，金帝巧克力就敌不过德芙与吉百利。

定位与创新的关系

德国有句谚语是这样说的：**改变与改善是两件不同的事情。同样，创新与创造也是两件不同的事情**，创新不等于创造。熊彼特说，创新就是创造性的破坏。这里的关键点要落在创造性上，否则就只有破坏。

很多人，特别是新官上任者，或者是新入职的人员，因为总想干一点与众不同的事，于是往往打着"创新"的旗号"破坏"企业。长虹在彩电业中获得巨大的成功后，进入了空调业，推出了长虹空调。企业内部把这种行为称为创新，实际上这是对企业极大的破坏。TCL集团原本身处家电行业，后来勇敢地进入IT电脑领域，支持其行动的原因也是出于创新需要，而这些创新的结果其破坏性能量也是极大的。

　　企业人之所以整天把"创新"两个字挂在嘴上，很大一部分原因在于品牌缺乏定位战略的设计，即没有解决长期的差异化问题，因而陷入了同质化的泥潭。**品牌同质化的必然结果，就是降价求售，所以价格战的压力逼迫着企业不断喊出创新、创新、创新！**

　　企业通常所喊的创新虽然成了短期内摆脱价格战压力的必需，但是却并不能给企业带来持久的竞争力，甚至很容易产生破坏性后果。只有当企业确立了品牌定位之后，才能规范好正确的创新方向，使得每一次创新行为都能为巩固品牌的核心价值服务。

　　比如吉列，它代表了"剃须刀"，占有这个市场60%以上的份额。这一切是怎样做到的呢？在代表品类的基础上持续创新，不断推出新的产品淘汰自己。英特尔和微软也是一样，使产品不断升级，永远引领行业。喜之郎通过推出新品牌"水晶之恋"和"CiCi"进入新的细分市场，是为了巩固领导地位和防范竞争者进入，也是在定位方向下的创新行为。前面提到的潘婷，品牌围绕着"营养头发"的定位不断改进，从几年前的维他命原B5到现在的珍珠白成分，就是创新的结果。几十年来沃尔沃的技术创新紧紧围绕着"安全"的定位展开，发明与推广了许多安全设施与技术，对品牌的建设极富成效。

　　　⊖　至2007年11月，TCL集团以6 000万元的价格出售了TCL电脑82%的股权。

也有一些相反的例子，尽管施乐在创新方面举世闻名，它的帕罗奥多中心更成了科研人员的圣地，但施乐的创新并没有为企业带来价值，因为一切都搞错了方向。施乐数十年来在电脑、办公自动化系统投入了天文数字一般的科研费用，为电脑业做出了令人尊敬的贡献，但到头来自己一无所获。比如，鼠标是施乐发明的，以太网图形界面也是，还有相当多的堪称通信与网络技术革命性的发明，都诞生在施乐的帕罗奥多科研中心，但是方向搞错了，顾客对施乐的定位是一个复印机公司，这一切成果都不能为施乐所用。最糟糕的是，由于太分心，施乐的主业复印机反而被佳能、理光、惠普给颠覆掉了。

IBM的OS/2是花了20亿美元的"创新"成果，后来IBM又和摩托罗拉合作，花了同样多的钱开发出了Power PC芯片。可惜顾客对IBM的定位在于大型主机，它的创新行为只有在这一定位方向下才有意义，如果它将OS/2和芯片让给微软和英特尔就好了。像这样的"创新"在企业界每天上演，正如圣吉所说在"兴奋地制造悲剧"。当你意识到企业定位战略不明确时，你的管理工作不是别的，就是防止那些举着"创新"大旗的破坏者。

定位与广告的关系

至于定位与广告的关系，就更为紧密了。因为最初的竞争是在工厂里展开的，后来竞争在市场上展开，而目前的竞争在顾客心智中展开。进入心智和在心智中展开争夺，最重要的武器已经不是有

形的飞机、大炮、坦克了，信息时代的制胜武器是传播。广告是
传播的主要方式之一，广告费往往是企业最主要的营销费用。如
何花好这样的一大笔费用来建立品牌，的确是一个很值得关注的
课题。

1969年特劳特第一次提出"定位"观念时，其目的也是为了
指导广告人如何做出有实效的广告。不过因为定位当时确实刚被
提出，没有人对这个理论感兴趣，直到特劳特在文章中对通用电
气与美国广播公司电脑项目将落败的预言应验之后，定位才被大
家注意。就连当时正如日中天的广告大师大卫·奥格威，即前面
提到过的品牌形象理论创始人，也在1971年于《纽约时报》用整
版来公布他认为的"38种具有销售力的方法"时，把定位排在第
一位。他说："定位是营销中最重要的决策，广告运动的效果更多
地取决于对产品的定位，而不是怎样去做广告。"

我们曾把定位与广告的关系写成了一篇论文，叫作《增加一个
步骤，增加19.5倍广告效果》，大家有兴趣可以看看。在此我简单地
把其中的观点给大家做个介绍。

"**我知道广告费至少有一半被浪费掉了，但问题是，我不知道
究竟是哪一半。**"这是一句广告界的名言，在业界流行很久了。现
在，广告投入越来越大，效果却越来越差，企业不投广告又不行，
经销商不干，真是欲罢不能。我们发现，广告效果不好的原因主要
是许多品牌没有定位就贸然投入广告，从而带来极大的浪费和许多
意想不到的负面效果。

没有定位的广告，效果无法积累，造成资源流失

中国现阶段的广告，因为普遍是在品牌没有定位的基础上展开的，这使得传播没有一致的主题，不能有效地积累起广告效果。

举个例子来说，在中国的彩电市场，你跟踪分析一个品牌几年来的推广，它诉求的内容是随时变换的。它可能今年宣称销量领先，明年就大谈"科技感、国际感、现代感"，接下来，又是宣传服务到家，或者推出一大堆声称"先进"的产品……由于每年的广告没有一个持续贯穿的主题，消费者不可能对品牌形成鲜明、独特的认识。

相比之下，日本彩电的品牌推广要有序得多。例如松下画王彩电，它一直坚持宣传自己是"画质好"的彩电，这么多年来每次推出广告都是在围绕"画质好"的定位来诉求，并在这个定位方向下持续创新，几乎每两年就有一项创新技术去强化定位。你可以看到，从纯黑显像管到碧明显像管，再到辉聚显像管，经过积累，画王已经成功地将自己塑造成了一个画质优异的彩电品牌。

东芝彩电的定位是"音响好"的彩电，为此东芝将其彩电品牌命名为火箭炮，以突出音响强劲，广告更是一直不遗余力地在说自己的伴音效果有多么好。从雷鸣音响系统到飞扬音响系统，再到大师级音响系统，东芝火箭炮使人认识到，这个牌子的彩电有多么好，音效格外先进。

由于画王与火箭炮的广告，是**品牌定位下的整合传播**，它们分别围绕"画质好"与"音响好"的品牌定位来展开，因此**广告就有长期不变的方向，使每一次宣传都在原有的基础上积累，进一步增**

加了效果。如此想来，目前这两个品牌的利润超过中国彩电利润的总和，就不奇怪了。[⊖]

品牌没有定位就做广告，会永远随着市场竞争及环境的改变而调整和变化，这样广告一时一个主题，品牌一年一副面孔，每次都等于将品牌建设推倒重来。从这个意义来说，国内众多品牌的广告操作，是在使企业的资源不断流失。在决定采纳哪个创意时，企业内部的"争论"成本也无比高昂，因为没有品牌定位这个标准。最后耗时耗力到一定程度时，往往是谁的职位高谁说了算，或者是谁的辩论能力强谁说了算。还有一种情况，就是谁的专业背景好，谁说了算。无论哪一种结果，都可能把品牌推倒重来。几十年来宝马的广告公司换了不少，但宝马从不离开它的定位"超级驾驶机器"。沃尔沃也从不离开它的"安全"定位。品牌就是这样积累而成的。

没有定位的广告，会迷失品牌推广的最佳策略

任何一个能取得初步成功的品牌，不管企业主观上有没有做对，客观上它是会形成自己的定位的，它一定是成了某类产品的代表。这时候，**品牌最佳的推广策略，应该是鉴别出自己的定位，将之提炼出来，然后深化这个定位概念的宣传**。品牌强调自己所代表的这个品类的好处，将最好地巩固自己的定位和赢取更大的销售。如果品牌没有意识到和运用好自己的定位，它的广告效果

⊖ 当然，定位从来就不是日本企业擅长的做法，松下和东芝的彩电还是回到了延伸品牌的道路，并陆续推出了多样化产品。

将大打折扣。

最明显的例子，是众多行业的领导品牌，错过了开拓品类市场的机会，使企业的发展出现瓶颈，或业绩增长不佳。例如维维豆奶的广告，多年来都在表现"欢乐开怀"，突出塑造自己比其他品牌更为欢快的感性形象。但事实上，它早已经是豆奶中的不二之选了，牢牢占据着"豆奶"的心智资源，只要有人喝豆奶，就会更多地选择维维。它的最佳策略，应该是摒弃感性形象广告，强调豆奶品类的好处，将更多的人吸引来喝豆奶，比如从喝牛奶的人群中争夺顾客。

相对而言，最近汇源果汁的广告会更加有效。作为果汁的第一品牌，汇源在广告中的诉求是"多喝果汁有益健康"，为品类做广告。这样品类做大了，领导品牌自然是最大受益者。

没有定位的广告，可能只是为领导者作嫁衣

美国知名的Daniel Starch & Staff公司，曾在亚特兰大做过一次著名的调查，发现非领导品牌做电视广告非常冤枉，它们中25%的广告被认为是同行领导品牌所做的。

想想康佳手机的推广，花巨资请来周润发大做宣传，结果被不少人误认为是诺基亚的广告，你觉得冤不冤？

没有体现出独特定位的广告，往往表现的只是产品，而人们看见产品，第一个联想到的理所当然就是印象最为深刻的领导品牌。

没有定位的广告，有时会帮倒忙

美国的达彼斯广告公司早年以科学统计著称，它多年来的统计

监测显示，有的广告非但不能吸引顾客，还会将人赶走。

由于品牌没有定位，它只能跟着市场的感觉，不断地尝试不同的广告诉求。一旦你太过注重眼前的情况，就很容易忽视品牌传统的东西，带来负面影响。在国内大家可能记得的例子，是御苁蓉。它曾经以肾保健专家的形象广告去塑造品牌，但最后宣传跟着市场转，推出了一个以打水枪比喻排尿的广告，其格调令一些老顾客大为摇头。广告结果如广告代理公司事后反思所言：销售的下降比正常的衰退还要快。

没有定位的广告，可能会破坏品牌自有的传播价值

以"公关"创建品牌，前面也提到过了，这是一股新兴的潮流。很多成功的IT企业，例如戴尔和微软，它们的新闻传播一向重于广告。有一个迅速崛起的叫美体小铺的化妆品品牌，它的产品采用的是环保原料，从不用动物做实验，吸引了很多人的关注和传播，从来不做广告却打造出了一个强势的品牌。

在新的营销时期，定位决定整合传播。当品牌没有定位时，你无法判断哪一种推广方式适合自己，而贸然做的广告，破坏了某些品牌潜在的"话语"价值，使得媒体与口碑都对你失去兴趣。其实在相对比较初级的市场，有太多的创新性产品可以使企业根本无须广告即可获得良好的宣传。

没有定位的广告，很难帮到一线人员

没有定位的品牌，实质上不能在顾客心智中寻找到一个合适的

位置切入进去占据心智资源，进而直接地打动顾客。于是品牌做出来的广告，永远只能是高空作业，含糊其词或者玄而又玄。一线的销售人员，往往要另外准备一套说辞去"对付"顾客，而与广告说的全不相干。

如TCL的大手笔广告，一匹马在激扬奔跑，旁白"成就天地间"。尽管广告投入巨大，但对市场一线人员的销售助力其实是不大的，他们也得像那匹马一样勤劳，奔跑天地间，才能争取到业务。

沃尔沃汽车是世界上卖得最好的高级轿车之一，它数十年来坚持的是"安全"定位。可以看到的是，无论在全球任何一个地方，沃尔沃的广告都极力宣称自己是"安全"的汽车，然后一线人员紧接着对购车者说："安全带是我们发明的，侧翼气囊也是……我们还有一次性的整体钢塑保护、方向盘免提电话系统。"最后再动之以情："好男人不会让心爱的女人受一点点伤。"

最重要的是，没有定位的广告，不可能真正地建立起品牌

身处信息爆炸的时代，影响到消费者产生购买选择的，不再是产品的USP、品牌的形象，而是品牌在消费者心智中的定位！任何一个成功的品牌，都必须有一个定位。没有定位的品牌，必须调整自己的经营和推广，直至定位形成。

当可口可乐在100多年前诞生时，它最初做的是"提神醒脑"的USP广告。随着可乐的普及，产品竞争同质化，太多的人说提神醒脑了，它就转向了"享受快乐时光"的品牌形象塑造。当它足够强大又面临着百事可乐的挑战时，它趁势将自己定位为"正宗的可乐"。

现在，建立品牌就是集中企业的所有力量去抢占心智资源。只有为品牌确立了定位，你才会有一致的营销推广方向，才能评估出最佳的推广策略，才知道何种推广方式最适合自己。也只有这样，你才算是走对了方向，沿着一条可积累的道路快速高效地建立品牌，而不是陷入漫无方向的广告，使品牌不知所终。定位不准的广告就像照相机没有对准焦距一样，无论用多少胶卷，也没有一张照片是可用的、清晰的。

因为你没有对准顾客心智中的焦点——定位。

定位与企业文化的关系

在业界流传甚广的《华为基本法》中，有这样一段关于华为文化观的描述："资源是会枯竭的，唯有文化才会生生不息。一切工业产品都是人类智慧创造的，华为没有可以依存的自然资源，唯有在人的头脑中挖掘出大油田、大森林、大煤矿……精神可以转化成物质，物质文明有利于巩固精神文明，我们坚持以精神文明促进物质文明的方针。文化不仅仅包括知识、技术、管理、情操……也包含了一切促进生产力发展的无形因素。"

我同意华为的观点，即认为工业产品、自然资源是会枯竭的，而只有在人的头脑中才能挖掘出生生不息的大油田。

但是华为似乎把开发大油田的地点搞错了，大油田的地点在中东而不是广东。华为以为大油田存在于企业内部的人脑之中，这不对。心智资源存在于外部人脑，只有顾客大脑中的心智资源才是企业生生不息的大油田、大森林、大煤矿……企业文化的源头同样存在于外部。

因为戴尔电脑有了"直销电脑"这一定位，戴尔的文化就紧紧围绕舍去销售中间环节为客户创造价值而展开，"直销"就成了戴尔的使命和存在的理由。在公司庆祝会的仪式上，戴尔的员工会扮演成罗宾汉，他们对自己的价值认定就是像罗宾汉一样劫富济贫。员工们说，我们替顾客把IBM、康柏浪费在各种渠道环节中的钱抢回来，还给顾客。所以戴尔的员工认为自己的工作无比神圣而富有激情，而这一切来源于戴尔是直销电脑的领导者，做直销就是他们的日常工作，只有融入日常工作中的价值观才能构成真正意义上的企业文化。

目前，太多的企业文化仅仅是尘封在使命宣言书或公司基本法之中，企业领导天真地以为只要宣布新的价值观念，描述一个令人心动的愿景或使命，新的文化就会诞生。实际上，大多数的企业文化都是员工们在大排档吃饭时的嘲讽对象。德鲁克说："建立有效的领导地位是贯穿组织使命的思考，定义它，并清楚明显地建立它。"确定定位就是定义了你将在哪一领域建立领导地位，而抢占了心智资源就是清楚明显地建立起了领导地位，使你的品牌或企业成为某个代名词，这样就把企业的使命和员工的工作紧密结合在一起。戴尔员工的工作与公司的使命都是直销，沃尔沃公司的使命与员工的工作都是"安全"，这样"道在伦常日用中"，才能产生有生命力的文化。任何内部导向的文化，只是一厢情愿的领导者个人的激情而已，并不能持久。

以上是定位后的系统整合，还着重谈到了定位与创新、广告、文化的关系，总结一下就是两句话：

- 任何一个成功的品牌都必须有一个定位，即占有一个心智资源。
- 任何一项经营活动都是为了协助品牌去建立、加强或巩固这个定位，以此影响顾客的购买决定。

这两句话指出了品牌的本质。其实品牌一词源自英文"Brand"，而Brand这个词本义是原始人在羊与牛的身上打上烙印，以使得我的羊和你的羊产生区隔。今天Brand这个词的本义并没有改变，只是体现的方式变了，不是在牛与羊的身上打上烙印，而是在顾客的头脑中打上烙印。这就是定位。通过定位就可以为产品或服务在顾客心智中打上烙印，换言之，即建立起品牌。下面将探讨在中国加入WTO之后中国企业如何创建强势品牌。

POSITIONING

第 7 章

中国企业的世界品牌战略

石头掉在花瓶上，花瓶碎了；花瓶掉在石头上，花瓶碎了。

有人曾问我们，中国加入WTO对中国企业意味着什么？我们说，意味着你如果什么都不做，企业会失去经营的焦点，变得涣散而没有竞争力。如果进行品牌延伸和多元化扩张，则更是背道而驰。

打个比方，20多年前当深圳还是个小渔村的时候，村里的商店必须是个杂货店，所有生活日用品无所不包才符合需要。后来，深圳成了特区。这时全中国甚至世界有大量的人涌了进来，你如果开的还是杂货店，就会因支付不起租金而破产。为了赚钱，你得舍弃很多东西，也就是说必须做减法。你可能只能卖一样东西，比如说转型为鞋子专卖店，你才能赚钱。最后你还要进一步舍弃，比如专卖男鞋或女鞋，甚至只卖女性的皮鞋，你的店才有竞争力。

玩具反斗城的成功也是一个典型的例子。早期公司创办人查尔斯开的是一家儿童超市，查尔斯想要做大的第一种方法，是在店里添加产品种类，如尿布、童装什么的。实际上查尔斯这样做的结果是亏得一塌糊涂。后来他尝试着做减法，一减再减之后，最后只剩一样东西：儿童玩具。从此，查尔斯走向了成功之路。今天玩具反斗城是全美玩具零售第一品牌，占据全美超过20%的份额。

中国加入WTO之后中国企业面临的机会与挑战正是如此，市场扩大而竞争加剧，即便你不进行多元扩张或者品牌延伸，你原来的杂货店也已丧失了竞争力，**这时正确的战略不是加法，而是减法。**可惜有的企业落入了陷阱，在某个行业成功后进行了多领域扩张，更糟糕透顶的是采用品牌延伸进入新领域，这恐怕是中国企业走向世界品牌之路，或者想具备"与狼共舞"能力所面临的最大问题。

为什么会出现我们称为"品牌自杀"的群体现象呢？这里本身存在着一个物理学上称为熵定律的原理在运作。熵定律表明，在任何系统内，失序是随着时间的增加而增大的。就好比我们的房间，你可能并不是有意要弄乱，但每隔一段时间后，你猛一打开房门会突然发现，原来不知不觉中房间已乱七八糟。所以具有深刻洞察力的领导人就会时时刻刻地扮演一个房间整理人的角色，不但要反复告诫组织中的每一个人每时每刻都要警惕，而且还要设计出一个结构来保障公司的清晰定位。

英特尔前总裁安迪·格鲁夫就是这样一位领导人，一方面整天在公司员工的耳边唠叨"只有偏执狂才能生存"，另一方面他还设计许多结构与制度来保证公司的"偏执"。据说在他的办公室放着一根棒球棒，谁有违公司明确方向的行为，就要挨重棒。他的继任人贝瑞特就曾亲口说，他实实在在地吃过格鲁夫的棒子。这样的当头棒喝能让人产生足够的警醒。

中国这20多年的发展，是处在关税保护和国内巨大需求短期释放这两个背景下成长起来的，需求的拉力和关税对国际竞争设置的壁垒，使得我们很容易就认为能赚的钱不赚白不赚。当企业在一个领域取得突破达到一定份额后，现有领域似乎空间有限，成功困难，投入产出的效益也递减，而偏偏又有另外一些空白领域似乎红红火火，不但市场空间大，利润率高，而且似乎还没有什么强大的品牌出现。于是，很多企业以为凭着自己现有的大品牌、好团队、大投入，重拳介入一定能进入前三名。而且中国的市场又是个特大的市场，这使得许多企业以为即使不能进入前三名，至少也可以分上一杯羹。于是就出现了大家所看到的蔚为壮观的"VCD热""空调热""电脑热""PDA热",现在则是手机热和金融热。而很少看到一个大竞争时代即将到来前,企业为应因这个巨变,要提早收拾整理好房间,以防止客人突然到访。收拾房间的最好办法就是收缩焦点,在某个领域集中战斗力,最终使品牌成为一个品类的代名词,即占有了心智资源。

万科是较早敏锐地感知到水温发生变化的青蛙。多年以前,万科就开始做出与众多中国企业相反的决策,不断地做减法,退出了多个行业领域。华为最近卖出安圣电器,创维退出电脑业,都是觉察到水温已经转热的表现。

新时期中国的品牌要在全球赢得强势地位,除了大力发展中小企业之外,我认为还有三条出路可走:

- 第一条出路是前面已经介绍过的,就是针对发达国家企业战略上的弱点去建立我们的定位战略;
- 第二条出路是在全球继续保持制造优势;
- 第三条出路是利用中国在全世界人民心智中的优势,形成有国家竞争优势的行业群。

第一条出路:单项突破,瓦解多元领先企业

首先说第一条,发达国家的战略弱势在哪里呢?寻找对方战略弱势的方法,是首先找到对方的优势,然后从其优势的反面发现弱势。

经济学家吴敬琏说："机遇来自对挑战的正确应对。"这句话概括得很到位，可惜没有引起大家足够的重视。我们最大的挑战在哪里？**国际大公司最大的优势，就是它们的规模和整体实力。同时，这也是它们的包袱，是它们与生俱来的弱点。**

杰克·韦尔奇宣布退休那段时间，特劳特曾给我们讲过一句很有意思的话，他说，伊梅尔特的日子将很不好过，我们问为什么，他说："你想通用电气甘心只做灯泡吗？"

一句话点中了大企业的要穴。它们因贪恋规模，很难主动舍弃自己的业务而使自己的规模缩小。恰恰相反，中国企业具有后发优势，可以在涉足的某个产业，甚至是某个产业的某个产品上，形成局部的相对优势，从而将领先企业逐点逐点地瓦解。

联邦快递这个品牌大家可能不是很熟悉，它的成功故事很适合作为我们中国企业的发展模式。作为后发的企业，我们不能指望和先发的企业全线作战，全面赶超，而应该把所有的兵力集中在局部市场形成相对优势，从而实现突破，联邦快递可以说是这方面的典范。

联邦快递刚成立时也曾吃过大而不当的亏，甚至差一点倒闭，原因是它和领导品牌艾玛利全面开战。艾玛利提供所有快递服务，有大包裹业务、小包裹业务、隔夜送达、两夜送达等，联邦快递提供完全和艾玛利一样的服务，所以一开始输得很惨。好在联邦快递的创始人史密斯毕竟是军人出身，他终于明白集中兵力形成局部优势的重要性，于是他在艾玛利的业务里专门去抢隔夜的小包裹业务。这一招非常有效，几年以后，联邦快递成功占据了"隔夜送达"这一心智资源，赢利丰厚，最后把艾玛利挤得破产了。

在实施这种局部发力、单项突破的战略时，最重要的是要打掉大而全的幻想，不能迷恋领先企业的多元化集团模式。我们应该清醒地看到，当今世界已经再也没有创建三菱、通用电气的机会了。

以通用电气来说，它之所以能做成多元化的大集团，是因为它起步足够早。从100多年前爱迪生创建通用电气以来，通用电气为美国和世人发明了无数的电气与电机产品，它是在无人竞争的环境中展开多元化成长起来的，自然而然地就在许多领域站稳了脚跟，并建立起了领先优势。另外，你可以看到，通用电气现在从事的领域是很特别的，通用电气所处的领域往往进入门槛较高，一般企业也承担不起相应的成本。例如飞机发动机制造，没有一定的技术、资金、客户积累，一般人玩不起。而且，从竞争来说，通用电气主要的竞争对手也都是多元化企业，像西屋电气、联合科技，它们的产品线比通用电气还要长还要乱。想想看和一群庸才竞争，通用电气从它那些乱七八糟的对手中脱颖而出，也很正常。

即使这样，事实上它也在不断地收缩战线，做减法。杰克·韦尔奇最出名的战略，就是"数一数二"战略，它将通用电气不是位居第一或第二的业务领域全部砍掉或合并，使通用电气从150多个产品领域裁减到十几个领域。通用电气是一只20多年前就感受到水温变化的老青蛙。而且告诉大家一个好消息，像通用电气的一些传统业务部门是可以通过我们的局部聚焦而瓦解的，比如说它的家电

与照明业务。⊖

连通用电气都这么做了，我们作为后进的企业，还想有什么奢望！

犹太人有一个石头和花瓶的故事。故事很简单，就这么两句话：**石头掉在花瓶上，花瓶碎了；花瓶掉在石头上，花瓶碎了**。这其实就是犹太的哲人在告诉他们的子孙，一定要创造出自己是石头而竞争对手为花瓶的局面。集中战力主攻一个局部，进而取得这个局部的主导权，就是形成我是石头对方是花瓶的大智慧。

格兰仕微波炉的成功，为中国企业提供了很好的范式。还有中集集团，通过把焦点集中于集装箱领域，取得了全球第一。万向集中在汽车的一个零部件上取得了绝对优势，正泰在低压电器上走向全球，远大更是把自己的焦点集中在中央空调中的一种直燃型空调上取得了全球第一……这种类型的企业，比国内那些看起来销售额几百亿元的大公司要更优秀、更卓越，这些企业才是中国的脊梁。⊜

大家不妨设想一下，仅仅以家电业为例，假设长虹是彩电业的全球第一，小天鹅主导全球的洗衣机市场，容声主导全球冰箱市场，格力独霸全球空调市场，格兰仕继续领航全球的微波炉行业……⊜如果能实施这样一个战略，其威力将会超乎我们的想象。

正如一首老歌所唱的：再过20年，我们再相会，伟大的祖国该有多么美。其实根本不用20年，用10年就完全有可能实现这个梦想。

实际上诺基亚只用了9年就取得全球移动电话第一。1992年以

⊖ 2008年5月，通用电气正式宣布，将出售其家电业务。
⊜ 现在，中集、万向等企业，都已经是年销售额几百亿元的公司了。
⊜ 现在，格力、格兰仕早已是家用空调、微波炉的全球第一了。

前，诺基亚和其他老牌欧洲公司一样，也是乱七八糟地做了很多东
西，又是造纸又是橡胶，还有电脑、电视，当然还有手机，每年要
亏损一亿多美元。直到1992年奥利拉上任，诺基亚聚焦于手机单项
产品之后，才重获生命力，用9年时间一举超过了西门子、飞利浦
等欧洲老牌公司。诺基亚的市场价值排世界第九、欧洲第一。相反
飞利浦与西门子都生存艰难，到处救火。大家都看到了，飞利浦的
芯片业务不就因为支撑不住而被中国企业华立收购了吗？

　　中国台湾地区30岁的青年朱家良到美国创业时，没有经营工
厂从事制造，而是聚焦在一个局部市场抢夺心智资源。他从当初
的10万美元起家，只用了10年的时间，就在竞争白热化的美国市
场击败了索尼和NEC等多元企业，成为显示器的第一品牌。现在
美国人一想到购买显示器，头脑中的购物单第一个跳出来的，就
是朱家良创立的品牌——优派（View Sonic）。这是聚焦战略的终
极目标。当你的品牌成为某个品类的代名词时，我们才可以说你
成功地建立了品牌，或者你成功地在消费者的心智中为你的品牌
打上了烙印。

第二条出路：利用制造业优势，打造OEM品牌

　　中国企业的第二条出路，就是如何保持我们现在已有的为全球
做OEM制造的比较优势。出路就是打造制造品牌，将OEM厂家的
品牌植入客户企业的心智。

如果不这样做的话，我们目前的OEM制造优势也保持不了多久。因为那些掌握了顾客心智资源的企业，随时可以取消我们的订单，然后转向成本比我们更低的地区，如越南、印度、非洲，等等。

中国台湾地区目前就面临这种挑战。当IBM、康柏等企业取消宏碁的订单之后，宏碁巨大的制造能力就像一大堆失去产权的钢筋水泥。所以大家才会看到，不但明基要拆分单飞，就连宏碁本身也"烈士暮年，壮心不已"。施振荣先生亲自率领他的团队在古城西安誓师，决心以大陆市场为依托，重新走上打造自有品牌之路，大有风萧萧兮易水寒的悲壮意味。

我们一定要警惕，光是为人家做OEM是靠不住的，但是如何走出这个困境，目前中国台湾地区一些OEM厂商所采用的突围模式却又行不通。比如说，宏碁一方面为IBM、康柏等品牌做OEM生产，一方面又同时在美国等市场推出自己的品牌电脑，显然是矛盾的决策。表面上看，为了防止客户撤单的确有自建品牌的必要，但深入分析，它的战略方向却是大错而特错。

因为像宏碁这样，其实是在拿自己的品牌和客户竞争，自己成了客户的对手，那有谁会傻到去支持竞争对手，给竞争对手下单呢？所以，IBM与康柏之所以要取消宏碁的订单，其原因就在于宏碁品牌与康柏、IBM构成了竞争。尽管宏碁后来也意识到了这一点，从而拆出一个专做OEM的纬创出来，但纬创出自宏碁，它与客户竞争的关系本质上并没有改变。

我国台湾地区的大霸电子也是如此。为了从产业价值链的低端向高端升级，大霸在大陆推出了自有品牌手机迪比特。且不说迪比特手机本身的定位有问题，就大霸推出品牌手机这一举动来说，它已经在和自己最大的客户摩托罗拉竞争了，所以摩托罗拉取消大霸的订单，就显得很正常。也许企业会从客户的撤单中确认并强化自己的创牌行为，殊不知，正是大霸本身的行为破坏了这种上下游关系。

中国的OEM企业经过20多年的积累，就我们接触到的广东、福建、江浙一带的企业家来看，普遍都有这种自创品牌、不甘人下的情结。打造品牌的思路没错，但方法上绝对不能造成和客户竞争的局面。商业史上这样的案例都付出了沉重的代价。

例如百事可乐收购肯德基与必胜客，看起来似乎很合理，因为这样做不但成功控制住了渠道，还彻底把可口可乐赶出了肯德基、必胜客。但始料未及的是，因为肯德基、必胜客是麦当劳、达美乐、小凯撒的竞争对手，所以这些品牌就把百事可乐从餐厅中赶了出去。餐饮业的可乐销量是个大头，而这些连锁餐厅又是何其之多，百事可乐后来只好把这两家公司卖给了百胜。

OEM厂商要创建品牌，有三项工作要做。第一就是认清角色，永远不要进入客户所在的领域。

这一点鸿海是个榜样。鸿海作为全球第五大电子产品OEM厂商，明确承诺不会自创产品品牌，由客户掌握产品营销与设计。因此索尼、惠普、英特尔、戴尔、思科、摩托罗拉等企业，根本不担心鸿海会"翅膀硬了"反抢市场，大家就合作得很好、很牢。据估计今年（2002年）鸿海在全球IT业大滑坡的情况下，企业营收将增长70%，老板郭台铭更因此一举超越王永庆等前辈成为中国台湾地区首富。

建造OEM厂商品牌的第二点，还是要进入顾客心智，抢占并主导一块心智资源。关键要明确，"顾客"是谁。作为OEM厂家，你的顾客就是企业，就是IBM、戴尔、摩托罗拉这些拥有产品品牌的企业。企业选择OEM厂家，本质上和消费者选择产品一样，你一定要在他们的心智中，也就是企业界专业人士的心智中，建立起自己与众不同的定位，形成自己独有的价值，从而不能替代。

就在EMS（电子产品制造与服务业），为了抢占全球第一的地位，旭电和伟创力两家厂商这几年你争我赶好不努力。它们知道，全球EMS第一的心智资源，将为自己在以后带来滚滚财源。鸿海这样居于后面的企业，则可以通过强调自己某方面的优势来建立定位。例如，鸿海一直在说它"只和大厂做生意"，那么专做一线客户，就是个很好的定位，会让那些大品牌企业感觉到鸿海与众不同。⊖像台积电那样，则是主攻电子产品中的某个领域——芯片，做到了全球第一。或者EMS厂家还可以强调自己的服务而形成特色，等等。

还有像福建晋江、广东东莞这些地方，有不少制造运动鞋的企业，都急于创建自己的品牌。这里有一条思路，只做OEM也是出路之一，如果定好位、做好传播，根据定位把企业内部的资源整合好，就可以确立起自己在品牌企业心智中的地位，没准耐克就找上门来了。要知道，耐克、锐步这些品牌一直都在寻找全球的代加工厂家。

建造OEM厂商品牌的第三点，也是非常重要的一点，就是要在定位的方向上不断创新，以维持自己的优势地位。

⊖ 现在，鸿海已经是EMS全球第一，它更有资格"只和大厂做生意"了。

举个例子来说，如果某个EMS厂商真把自己定位为只做IBM、戴尔等一线客户，它必须知道，定位首先意味着舍弃。对一些非一线客户的生意就不能做，而是要全神贯注把所有的心思花在一线客户身上。由于大品牌销量大、更新快，OEM的开发周期与上量速度是关键，同时要考虑客户的多产品线以及全球销售分布特点，不断为客户提供最优的制造与服务方案。只要你时刻保持着对大客户的服务优势，令大客户从你这里得到最快的制造响应和最低综合成本的服务，它们就离不开你。或者说，也许有客户会离开你，但是其他大客户会给你更多的订单，同时新的大客户会自动上门。

第三条出路：发扬国家传统，形成优势产业

第三条出路和我们国家的天然优势有关。

前面已经谈过，是顾客在为品牌定位，而不是企业。顾客不但会对品牌进行定位，对于城市和国家也是如此。

先来说国家定位吧，人们对各个国家打上了什么烙印？消费者会认为，美国的飞机和电脑是世界上最好的。大家恐怕和我们一样，出差很怕乘图-154的飞机，因为那是俄罗斯产的。特劳特在为一家阿根廷的高科技公司重新定位时，建议这家公司把总部放到美国去，结果这家公司的业务几年内成长了十倍。日本呢，是汽车和电子产品突出。松本电工就是利用了这一点而成功的，其实它是个地道的中国品牌。我们提及意大利的时候，则会想到它的服装设计与皮具引领全球，这是很多中国服装企业老板不敢抛头露面而隐姓埋名于

江湖的原因，因为他们希望消费者把他们那些含含糊糊的品牌当作意大利品牌。法国是香水独步天下，反之，墨西哥的香水你就感觉很难闻。还有，德国的高档汽车与工程设备像岩石一样坚固，啤酒举世闻名。

不过你要真与德国人提啤酒，有些德国人会感到是奇耻大辱。为什么呢？大家可能不知道，德国人虽然有啤酒这样的心智资源，但他们有个毛病，过于崇拜产品品质而疏于品牌战略，结果给人钻了空子。荷兰人充分利用了他们的优势和弱点，建造了世界上销量第一的高档啤酒品牌，那就是喜力。喜力成功的秘诀，在于它盗用了德国的心智资源，就像高露洁抢占佳洁士的心智资源一样，它以一个"德国啤酒"的身份进入全球人的心智。喜力的名字叫Heineken，就是一个地地道道的德国名字，而且它所有的经营组合也整合得德国味十足。

大家可能很纳闷，德国人为什么不站出来指出这一事实呢？好问题！因为德国人太固执。他们以为好酒不怕巷子深，事实终究会大白于天下，这样一等就错过了最佳时机。什么是最佳时机？就是喜力没有占稳心智资源之时。一旦完全占领，就很难改变。商战中没有事实，只有顾客心智中的烙印。

德国最大的啤酒品牌叫贝克。贝克啤酒在美国做过一个广告史上至今仍被奉为经典的广告，它针对在美国畅销的一种德国啤酒，告诉人们它才是德国最好的啤酒，说："OK，您已经喝过在美国最受欢迎的德国啤酒了，现在请您试试在德国最受欢迎的德国啤酒吧。"贝克啤酒成功了吗？没有。为什么？除了错过时机之外，贝克这个名字要了它的命。消费者以为贝克啤酒是英国的，贝克这个名字就像贝克汉姆一样有十足的英国味。名字是品牌战略中重要的决策之一。

大家要知道一个残酷的事实，商业之争即战争，是一场高智力的争夺战。大家都在无情地争夺无形的土地——顾客心智中有限的心智资源。

回头再看看瑞士，想到"瑞士"我们脑子里难道不会跳出银行与手表吗？一个小小的国家居然占有了两项如此重要的心智资源，这就是为什么瑞士成为世界上人均最富国家之一的原因。想到俄罗斯想到什么？就一个伏特加。印度呢？就一个软件，而且还远未到主导地位，主要是为美国做OEM。两个如此大的国家，却只占据两块微弱的心智资源。几年前，中国香港炒得沸沸扬扬要把自己打造成一个中药港，却一直不见成功，为什么呢？想到中国香港，人们联想到的是转口贸易和金融，这是他们致富的原因，却打造不了中药港，因为它没有这种心智资源的优势。随着内地开放程度的提高，它赖以为业的定位受到威胁，它必须要重新定位，否则很难走出经济的低谷。

通俗地讲，中国在民族性很强的那些方面，可以形成国家竞争优势，很有前途。人类仍然希望我们摇响丝绸之路的驼铃，世界愿意品尝中国"天人合一"生活方式下的茶叶、美食、白酒，当然还有人对有中国独特审美情趣的陶瓷情有独钟。再有就是中药，体现着东方独特的整体观与治本哲学，必将为人类的健康走出一条新路。在这些领域中，有机会创出一大堆的世界品牌。

当我和特劳特先生讨论到这些东西的时候，他也经常为之激动，并表示非常愿意在这方面为中国做点事情。

其实这就是国家定位。**一个国家也要像一个企业一样，先有定位，然后再围绕着定位来配置国家资源，建立好的形象，带来更大的经济效益**。特劳特和里斯就曾为好多国家与地区定位，以协助它们打造国家与地区品牌，促进当地经济发展（参阅本书下篇第11章）。

可惜我们现在还未起步，错过了很多商业机会。就在我们以茶叶和美食自诩时，立顿红茶和麦当劳反而火得厉害。同样令人揪心的是，景德镇作为世界最大的一个瓷都，自汉代起就开始制瓷，宋朝时已达鼎盛，景德年间就成了给皇宫做贡品的官窑，景德镇因此而得名也有一千年了。假如你去过景德镇或者上过其网站的话，你会发现当地政府以"我们90%的产业已是非陶瓷"而自居，这才叫捧着金饭碗去要饭。倒是英国和日本把陶瓷做成了一个相当可观的产业。当我和特劳特讨论到这件事情时，他为此唏嘘不已。不过，我们仍然可以利用这个千年的品牌故事打造出世界级的品牌。

国家如此，城市也一样。很多城市的建设和规划，何尝不是千篇一律？其根本原因是没有定位，从而不能根据城市定位来综合配置资源，形成自己独特的城市品牌个性和竞争力。城市规划者既要有人文素养，还要有定位素养或者品牌素养。

在城市建设上需要有"定位素养"，在建设"经济"这个中心任务上也需要有"定位素养"。比如民航的重组方案，就是缺乏定位意识的方案，三大航空公司还是逃不出价格战这个怪圈，因为它们并没有在消费者心智中主导着某个定位。三个公司的服务本质上并没有形成区隔，没有区隔的结果就是逃不脱价格战这条路。电信的改革也一样，基本上是企业自己在"规划"，从来不知道地皮存在于顾客的脑子里。还有比较常见的做法是把几家企业拼在一起，然后叫一个新的名字，如中国普天、江苏熊猫集团、上广电。

还是那句话，只有顾客心智中的定位才能造就强大的企业，其他任何外在力量都不能做到这一点，以上种种做法只是空有规模而已。规模不等于竞争力，没有心智资源的规模就像一堆没有多大用处的钢筋水泥，企业过几年后可能又会因亏损而重组。

我们要想在中药、丝绸、茶叶、美食、陶瓷、白酒等行业实现突破，出现一批行销全球的品牌，政府当然要扮演积极角色，在早期甚至要扮演主要角色。同时也一定要有一批有使命感、有信仰的企业家，才能披荆斩棘，走出一条具有中国特色的品牌道路。我们期望政府和更多的企业家，都能有更多的定位素养，那样的话不但有助于我们在产业上获得丰收，国家也将因此致富，更可以以许多品牌为载体，把中国文化传播到全世界，造福全人类。

定位理论就是品牌大厦的基础。如果50年后中国不幸出现一个品牌上的李约瑟难题：为什么中国有着如此强大的制造能力，有着如此智慧的十几亿人口，在全球经济一体化的过程中，中国品牌在人类心智的版图中又一次远远落后？那么答案可能就是，中国品牌缺乏定位这个基础，所有的投入无法实现积累，所以盖不出品牌大厦！

20世纪80年代，美国有一部有名的纪录片叫《日本行，我们为什么不行》，该片在汇集了大量的资料后反省美国为什么败给了日本时，给出了一个让美国人震惊的答案，那就是站在日本经济奇迹背后，使美国产品蒙受奇耻大辱的，居然是一个地地道道的美国人——爱德华·戴明。的确，戴明对日本的贡献是巨大的，"戴明奖"在日本至今仍是无比崇高的奖项。正是戴明为品质管理提出的14条法则，指导着日本从战后的废墟上重新崛起，并打败了美国。今天，在中国已具备了强大的制造能力这个基础之后，中国企业应为产品建立起品牌，而定位是品牌的基础。一年多以前，当我们邀请年近七旬的特劳特先生来中国做巡回演讲时，我们就说，我们相信您就是中国的"戴明"。

定位理论已经让美国企业界享受了几十年的恩惠，今天中国的市场和企业界已经到了真正需要的时候了，到了要隆重地把定位理论推荐给中国企业、中国企业家的时候了。

POSITICNING

下 篇

品牌实践与交流

　　我自己觉得，王老吉现在刚刚上路，也在不断地学习，希望能够真的不辜负大家的希望，慢慢把这个品牌做好，这是我们一直想要做的事情。我们根本没有想到今天这个会有这么多次提到王老吉，所以在这边就像刚才邓总所说的，我们诚惶诚恐。

　　我确实也是抱着学习的态度来的，难得中央电视台给了我这个机会，来听课是目的。会上不断地提到王老吉，所以我觉得在这里，真的要说几句。

　　首先要说的就是，如果说王老吉今天稍微有一点成绩的话，我觉得我们要感恩方方面面的因素，在这里有两个大贵人，这就是特劳特（中国）公司的邓德隆和陈奇峰，在我们整个发展过程中，在每一个非常关键的时刻，他们都出现了。刚刚那位老总说要请他们半年，其实，他们在过去将近十年里一直陪伴着我们前进。

　　其次，在座这么多成功的企业家，我们应该是属于后进的一个品牌，所以我们要不断地学习。这么多年跟着邓老师和陈老师他们做定位，或者说做品牌管理，我自己稍微讲两个心得。第一个，我自己觉得在一个企业，要想把定位做成功的话，一定要老板支持，而且他自己要懂，要非常深刻地理解什么叫定位，什么叫企业的战略。没有他的支持，我看其他都是假的。因为在推进的过程中，你会遇到非常多的阻力，有可能会出现有一段时间成功，但是一段时间又会回头，这样的反复经常出现。

　　第二个就是我觉得一定要坚持。当一个定位或者企业的核心竞争战略已经确定好以后，一定要不断地坚持。刚才邓老师已经很形象地说过，其实企业要经常回头去整理，重新根据定位来调整，这点非常关键，一定要不断坚持。

　　很多所谓的创新或者说改革，有时候问题就出在这两点上。跟大家稍微分享一下这两点，目的还是说，我们王老吉还只是处在上路的过程中，非常感谢大家对王老吉的厚爱，谢谢！ ⊖

阳爱星
加多宝集团

⊖ 此文为阳爱星先生在中央电视台VIP客户香山座谈会上的讲话（2007.09）。本篇的文章均选编自特劳特公司的品牌实践案例及专业论文，共同作者包括中国合伙人陈奇峰、火华强。

POSITIONING

第 8 章

王老吉品牌的战略历程[⊖]

⊖ 同题材文章《再谈王老吉：定位之后如何做大》，刊登于《哈佛商业评论》中文版 2008 年 5 月刊。

品牌的战略源点期，不仅赋予品牌真正的生命，而且为品牌后续的发展和战略路径奠定了基础。

四年前，《哈佛商业评论》刊发的《跻身"10亿元品牌俱乐部"的5个定位要点》文章，介绍了中国市场案例王老吉的品牌打造，预期它有望为中国企业创建世界级品牌做一个示范。四年来王老吉保持了高速而稳健的发展，如今已成长为中国最畅销的罐装饮料，在多个省市销量超过可口可乐，稳步迈向100亿元品牌。

作为伴随王老吉品牌成长的战略顾问，作者认为，王老吉的成功除了得益于正确定位，同样有赖于它创建定位的战略历程，即品牌的战略源点期规划。本文再次以王老吉的案例为线索，结合其他品牌例证，为读者陈述如何在品牌战略源点期有序地规划品牌打造，规避各种令品牌夭折或停滞的陷阱，精心培育大品牌的成长。

品牌创建于顾客心智之中，品牌的意义是在顾客心智中代表某个品类，进而成为顾客消费某个品类的首选。品牌自推出至定位初步建立（在顾客心智中代表一个品类）的战略历程，可称为**品牌的战略源点期**。这段时期不仅赋予品牌真正的生命，而且为品牌后续的发展和战略路径选择奠定了基础。王老吉正是由于在战略源点期精心规划了品牌打造，从而有效地实现了品牌和品类相互促进的发展，获得了销售的持续强劲增长，并激发出无穷的潜力。

应对初认知挑战

任何品牌，一经推出就会面临初认知挑战。当它第一次出现在顾客面前，会遇到审视和疑问：这是什么？此时品牌必须尽快让顾客获得正确认知，化解他们的疑问，尤其要注意防范负面信息，因为顾客对新生品牌的负面信息格外敏感。顾客对品牌的初认知将决定品牌的未来发展，因为认知一旦形成就很难改变。从这个角度来看，很多品牌最终不能成长为大品牌，从它一推出就已经注定。

明确品类宗属

顾客消费的本质是购买品类而非品牌，他们之所以购买一个品牌的产品，是因为该品牌代表了某个特定品类。实际上，顾客的心智中只储存品类及其代表性品牌，对更多的选择倾向于忽视。这意味着，顾客只有在清晰判断品牌所属品类后，才有可能在心智中给品牌分配一个位置并储存下来。品牌如果不能明确自己所属的品类，虽然短期可能获得一定的成功，但长期而言会因为在顾客心智中没有固定位置而逐渐被遗忘。

品类命名至为关键，它直接决定品类能否被顾客心智清晰记忆。恰当的品类名称，应该简单、明确，最好还能喻示品类的实质。比如，红牛把自己品类命名为"能量饮料"，就非常适合。除了那些有历史传统并已经被人们普遍采用的品类名称（比如凉茶、酸梅汤）可以沿用外，给新产品命名应当遵循以上原则。有一些品类名称明显不恰当，比如"情绪饮料"，它们不可能被顾客作为一个清晰明确的新品类纳入心智记忆。

王老吉在迈向全国品牌打造的早期，考虑到凉茶是一种广东地方性传统饮品，北方地区对之甚难认知，就采用了一种很机巧的做法，即突出"预防上火"这个普遍的中医概念，避开对"凉茶"品类的解释和宣传。它最初在中央电视台的广告，只诉求王老吉是一种预防上火的饮料，而没有出现"凉茶"这个字眼。这是许多品牌都乐于采用的简便做法，它突出了产品的功能，支持品牌在既有饮料消费中作为一种有附加价值的新选择，却无法为品牌在顾客心智中建立长远而稳定的品类立足点。王老吉随后及时对这种做法予以了修正，强调在全国各地市场都要明示自己的凉茶品类宗属，电视广告上也清晰标示出自己是"王老吉凉茶"，并致力于这一品类的被认知与接受。

打造代表品项

一个品牌，有可能会推出不同形态的产品或服务项目，被称为不同的品项。如果品牌能拥有一个鲜明、独特而令人难忘的代表性品项，将有利于进入顾客心智并扎根其中，在顾客产生品类需求时也易于被最突出和优先地选择。比如可口可乐的弧形瓶装，帮助可口可乐从众多饮料中凸现了出来，并一直令人对可口可乐印象深刻，以至于可口可乐在后来推出的大瓶装和罐装品项里，也保留了弧形瓶品项形象，将它印在包装上作为品牌识别之一。再比如保时捷的911车型、麦当劳的巨无霸汉堡、联邦快递的小包裹隔夜送达服务、美国西南航空的短途经济舱飞行服务，等等，都是品牌的代表品项。

品牌应该在早期就有意识地甄别或设计出自己的代表性品项，集力打造，甚至在成功后也能像可口可乐那样保留这一品项印象。

选择品项的一个重要技巧，是采用"有意味的形式"，即让品项能寓意、体现品牌所要代表品类的特征或功能，这将有助于顾客对品牌加强认识和加深印象。王老吉在全国集中力量打造的310ml罐装品项，沿自它多年来在地方市场的应用，也是适合凉茶品类的有意味的形式。其鲜明跳跃又传统古朴的大红印制，颇具分量和品质感的铁质罐身，安全、环保的下压连体式拉环，符合凉茶品类传统草本、健康珍贵的特点，卓然有别于一般的饮料包装，很容易被识别和记忆，为品牌能顺利进入并扎根于顾客心智奠定了基础。

在品牌发展早期，代表品项就是品牌的最佳"明星代言人"。王老吉的品牌营销均以红罐品项为"主角"，特别是在电视广告和户外广告上，极力展示此一品项，致力于将其打入顾客心智。王老吉曾提出过是否请姚明等大明星代言的课题，在认识到明星的出现容易"抢去"顾客对品牌的关注，干扰品牌信息传递，从而影响品牌的被认知和接受后，最终否定了。

也许会有疑问，选择相对集中甚至单一的品项，会不会错过很多潜在顾客？毕竟，不同的品项适合不同的人或消费场合，多品项似乎能吸引更多顾客，而这是新品牌最需要的。以王老吉为例，易拉罐显然不如带盖的PET瓶品项更适合携带消费（可多次饮用），家庭消费也应该以大包装更为实惠，王老吉为什么不以更多品项去更好地满足顾客需求呢？这里需把握两个原则：

• 第一，品牌在顾客心智中打造，占据心智的品牌最终会赢得市场，因此品牌推出早期应以进入心智为首要任务，必须集中品项；

- 第二，新品牌缺乏力量，需要集中兵力在某个品项上取得局部突破，以争得第一波源点人群（后文详述），再带动其他人群消费。

获取高级信任状支持

明示品类和选择单一品项，很大程度上消除了品牌在"新鲜期"进入顾客心智的障碍，但无法避免负面认知的风险。一种有效的防范措施，是为品牌或品类获取信任状，以支持它是安全、可靠和货真效实的产品之类的表述。例如，对可口可乐来说，"世界第一品牌"或者"世界上最畅销的饮料"就是顶级的信任状，这可以支持它进入任一国家或地区市场。顾客会认为，既然这个饮料能够畅销世界，应该错不了。有些中国品牌为了消除顾客的顾虑，会打出"中国驰名商标"等字样，能在一定程度上保护品牌免受质疑。

需注意的是，信任状只是保护因素，它在品牌及品类定位正确的基础上能发挥护航作用，但不能依赖信任状把一个缺乏定位的品牌打造成功。另外有两个使用信任状的诀窍：第一是及早地使用信任状，尽量使顾客在第一次接触品牌时，就带着信任的态度去消费，或者在消费中不免萌生疑问时能尽早消除其疑虑。第二，可以不断升级信任状，但不要同时使用两个或更多的信任状，以保证最高级的信任状能被鲜明认知。

王老吉最初的信任状是"凉茶始祖"，以支持它代表凉茶。但这主要是在广东这一凉茶传统市场所采用，当王老吉品牌面向全国市场打造时，它站在品类代表的立场，转向强调品类信任状，着重推广这是一种"广东流行的传统饮料"，以鼓励人们尝试饮用。随着凉茶品类慢慢走向全国，它不可避免地带来了一些消费疑虑，其中之一是引起了中草药材能否应用在普通食品的争议。在王老吉的积极参与下，联合广东、香港、澳门其他17个凉茶品牌，经由粤港澳文化部门申报，凉茶于2006年5月被认定为首批"国家级非物质文化遗产"，将受到《世界文化遗产保护公约》及国家有关法律永久性的保护。此一较高级的信任状，为凉茶品类和王老吉品牌在较长时期内的发展消除了障碍。

避免风尚化发展

一些品牌会安全地通过初认知挑战的考验，顺利进入顾客心智，并逐渐获得不错的市场。但其中相当一部分的品牌，特别是发展得尤为迅速的品牌，会走向风尚化，即在取得一时的炫目成功后很快走向衰落，及至最后消声匿迹。这种现象也可称为"呼啦圈效应"——忽然间流行，忽然间衰退。

出现"呼啦圈效应"的原因，在于品牌未能把握好推进的节奏，过早地铺开发展，结果吸引了过多的非适宜顾客。过多的非适宜顾客，容易滋生负面口碑，进而影响新品牌和新品类发展。顾客间负面口碑传播极快，而媒体对品牌的快速成功有负面报道和跟风倒戈倾向，两者相互交叠，将触动负循环发展，扼杀新品牌。实际上，早期的非适宜顾客，很大一部分是可以通过日益壮大的、稳定的适宜顾客群影响，在后期转化为适宜顾客的。

创造趋势

与大起大落、风尚一时相对立的品牌发展模式，是创造趋势。在这种模式下，品牌较均匀地加速发展，在初认知期之后，有一个相对较长的低速阶段作为品牌和品类的孕育期，让人们有机会慢慢而充分地了解品牌和品类，深入认识其价值。同时，品牌培养出第一波忠诚而成熟的顾客，他们会逐渐地影响和带动一波又一波的消费人群，为品类不断创造适宜顾客。

微软做到年销售额1亿美元花了10年时间，沃尔玛做到年销售额1亿美元花了14年时间，红牛在全球做到年销售额1亿美元花了9年时间，红色罐装的王老吉在中国做到年销售额10亿元也花了9年时间。早期的缓步发展，可以带来两方面的好处，使这些品牌在孕育期免受集中、突发的负面冲击，有效防范了"呼啦圈效应"的出现。首先，新品类或新品牌的产品难免会有一些缺陷，慢节奏的推进，使品牌有时间和机会根据市场反馈来修正产品和完善各项运营，把激发负面反应的因素减至最低。其次，任何新品牌和新品类难免会吸引到不恰当的尝试性消费，可控的稳步发展，能波澜不惊地消化掉那些负面反应，而品牌在此过程中也慢慢强壮起来。

创造趋势在时间方面会要求适当的慢，在空间方面，则要求品牌创造出"由高到低顺势推进"的市场态势。也就是说，要力求让新生品牌先攻下最有影响力的市场，再依次带动受影响的下级市场，以使品牌每一步的市场拓展，都是趋势而去，顺势而为。

选择源点人群

大多数消费者，在做出购买选择时都会不知不觉地参考他人的消费行为。顾客对新品牌发问"这是什么？"之后，接下来的问题就是："谁在用（吃）它？"一般来说，在战略源点期宜将目标顾客锁定在某一类高势能人群上，以凝聚品牌营销的重点，取得集中突破，做出消费示范。其他类型的顾客人群，则相对任其自然地跟随产生。

要选择好这类源点人群，首先应考量该人群是否适合本品类消费，以及他们在评估本品类消费方面是否有权威性及说服力。 这两者往往相辅相成。像耐克运动鞋选择专业运动员作为源点人群，由于运动员是运动鞋品类消费的适宜人群，他们也常会被认为在运动鞋消费中更有经验和话语权，因此也就更有权威性和说服力，能很好带动广泛人群消费运动鞋。品牌能够首先被此类人群接受，意味着经过了"专家顾客"的认可，证明它确实具有专门价值。类似地，尼康相机选择了专业摄影师为源点人群，有效带动了普通摄影爱好者的消费。

选择源点人群其次要考量的因素，是该人群是否在广普消费者中具有示范性和影响力。比如，人们会认为拥有高学识、高收入及高职位等的"高端人群"对各种消费都讲究一些，他们选择的品牌相对值得信任。"高端人群"是相对而言的，对不同品牌有不同的标准，而且不局限于以收入来衡量。品牌率先赢得此类顾客，可利用这种广普的示范性和影响力，化解更多顾客对新品牌和新品类的顾虑感。适合品类消费的权威人群，有利于为品牌建立正面认知；广普消费的高端人群，则可以为品牌防范负面反应。

王老吉的做法是选择商业餐饮人群为源点人群，他们经常进食火锅、煎炸和热辣食品，能首先被他们认可，可以表明凉茶确实有去火功效。实践证明此举非常有效，王老吉因此可以很容易地被了解和接受，并迅速带动了更广人群的消费。同时，既然那些经常有宴请应酬的商务人士和频繁在外就餐的高收入人士都在饮用王老吉，一般的大众会相信这是不错的饮品，对可能出现的负面情况倾向于忽视，或者有积极的理解。如今在很多地方，王老吉已成为广普的主流饮料，人们也不再仅仅把它和餐饮人群挂钩了。

规划市场推进

规划由高到低的区域市场推进方面，其考量的因素和确立源点人群类似。首先评估哪些地方对品类消费而言是有号召力的地方。有些国家或地区被公认在某些品类打造上有特别优势，称为区域心智资源优势，这些国家或地区也就被认为在该品类消费上更为领先。例如，人们会觉得，法国顾客对葡萄酒消费比较有发言权，中国山西的顾客，会自然地被认为对醋的消费更为在行。只要有可能，品牌应首先考虑在这些有区域心智资源的地区取得领先，以支持日后在其他地区获得好表现。这是王老吉首先要在广东市场取得成功的原因。它在凉茶故里获取的源点人群顾客，对建立和保持品牌的凉茶品类代表地位，有信任状支持的作用，有利于品牌在各个地方赢得认同。

接下来，是评估不同地区在广普消费上的号召力。普遍来说，中心城市消费对下线城市消费有引导作用，城市消费对农村消费有示范作用，高收入地区消费对低收入地区消费有带动作用，等等。品牌可以充分借助高势能地区对低势能地区的影响，有序规划品牌打造的市场推进。最佳的状态，就是做到"顺势而为"，直至市场拉动品牌进入。

王老吉的始发市场是广东，它走向全国时第一波拓展的市场是浙江，然后推进到东南沿海一带，之后再逐步向北部和内陆地区延伸，至今仍有一些北方地区和内陆省市没有进入。这种规划，大致上与各地的经济和消费水平排列相吻合。具体到每个地区的推进，则比较严格地把握了"先中心城市，后周围城市"的原则，农村地区放在以后考虑。由于首先在经济和消费发达地区以及重要中心城市建立了品牌，有了良好的消费影响，事实上，王老吉在很多市场的拓展是应渠道商的要求进入的，而且当地已经具备了许多热望的潜在顾客。王老吉需要考量的，倒是哪些市场不宜进入，或者究竟什么时机进入为最好，品牌打造完全占据了主动。

适度的高价

考虑到品类内已有竞争或者有相似品类存在，许多新品牌作为后来者，往往倾向于用更低的价格去争取顾客。这是一种制约品牌成长的陷阱。顾客在一定程度上以价格来衡量价值，当一个新品牌或新品类以比主流更低的价格出现时，顾客会认为这是更低等级的消费选择。比如，在农夫山泉上市的早期，它比纯净水高出50%的零售价，使顾客每次购买都得到提醒：这是比纯净水更好的天然水。

后来农夫山泉将价格降了下来，天然水也很快变得普通起来。

基于新品类的价值，为品牌定一个合理范围内的高价，不仅有利于顾客看好新品类，同时也有助于创造趋势。因为高价相对锁定较少数的目标人群，意味着品牌要放缓启动的节奏，同时高价也带来较高势能的源点人群消费。王老吉310ml的罐装饮料，基准零售价格是3.5元/罐，高出代表主流饮料价格的罐装可乐75%，这配合了它高势能源点人群的营销，并树立起高端饮料的形象，保持着顾客对之的高度认同。

及时补充品牌势能

如果品牌能够均匀地加速发展，当它培养出成熟的新品类顾客群而走出孕育期，就会进入一个高速发展期。这时品牌虽处于大好局势之中，但挑战也随之而来：越是高速的发展，越是难以保持。一方面，品牌必须为自己及时补充品牌势能，保持高速发展，乘势冲上一个较大的规模。而另一方面，市场的高速发展需要极大的资源投入支持，而成长期的品牌总是缺乏利润积累，组织也迅速庞大和日趋复杂，需要全然不同于既往的结构和管理。

持续加大投入

给品牌注入势能最直接和最基本的方式，就是加大投入。品牌若是在此时因投入不足而停顿下来，将很容易出现"坡顶现象"。一方面，停滞的品牌缺乏新鲜信息的刺激，顾客对其关注会减少，之前不断改观的品牌印象会很快稳定而"固化"下来，现时的品牌认知成为最高点。一方面，品牌停顿有可能被当成退缩表现看待，从而在人们心智中引发成长"到头"和"受挫"的认知，因而造成负增长循环，品牌由此向下发展。许多成长良好的品牌，止步于这一大好时期。在中国饮料市场，椰树和露露是建立了定位的品牌，但它们在进入高速发展期后没有维持住发展势头，使品牌缺乏新鲜信息的刺激，错过了顾客的持续关注，一经停顿便被"固化"了下来，最终停留在了10亿元的品牌"坡顶"，成为后来者的警戒。

王老吉于2003年开始在央视做广告，之后因品牌在高势能地区发展很好，而尚未进入全国的许多地方市场，曾考虑将资源依据地区重要性侧重分配，减少央视广告投放力度而加大地方广告投入力度，以此获取更佳回报。经过评估，王老吉登陆央视广告对高势能地区有极强的支撑作用。一来，在大多数的高势能地区，无论收视率抑或权威性，都是央视的影响力最大；二来，像广州、上海这些地方即使央视收视率不高，但通过整体市场的势能波及，以及口碑、媒体等其他渠道的互动传递，央视广告仍然有很强的渗透性影响。此外，虽然由于很多地方市场尚未进入，王老吉在央视的广告看似有点浪费，但实际上却抢先登陆了这些地方的顾客心智，还是非常值得的。综合考虑，减弱央视传播有滋生品牌"受挫"信号的可能，于是王老吉坚持了央视广告投放，并在后来加大了投入力度。

注入热销概念

随着品牌在高速发展期的日益成功，它会逐渐形成光环，这时应当为品牌注入热销概念，将其塑造为畅销的商业英雄，从而开始走出对品类的依赖（以赢得关注和认知），并反过来引领品类成长。顾客消费的是品类，但公众喜欢谈论的是品牌，人们关心商业成功品牌并有将之视为"英雄"的倾向。蒙牛在这方面做得很好，它在发展过程中一直向业界和公众宣传它的成长速度有多快，时刻传递自己的热销概念。

王老吉现在成为"中国最畅销的罐装饮料"，也是一个有力的热销概念，它能从四个方面促进品牌和品类的持续打造：

- 其一，品牌仍在创造新顾客，热销信息作为信任状，能有效化解对品牌及品类可靠性的质疑，打消人们的初尝顾虑，吸引新顾客尝试；

- 其二，热销传递出"时尚"信息，能引发和制造潮流效应，吸引更多顾客消费；

- 其三，品牌通常从具有品类区域心智资源的地区，或某个其他地区市场启动，不免带有"地方品牌"的印记，突出的热销概念将击破这种负面认知，改良和奠定全国性大品牌的发展基因（现在王老吉是全国热门品牌而不仅是"南方人喝的饮料"了）；

- 其四，热销和英雄形象为顾客创造了谈论价值，能启动口碑滚动传播，推动品牌进入更多人的心智，促进品类消费。

由于品牌处于高速发展中，热销概念的注入又使其热上加热，它将会不断地获取更高级的热销概念。品牌应该毫不犹豫地立即注入更新的概念，推动自己一波又一波更大的成长。椰树和露露等品牌当年如能及时补上这一环节，其品牌将可更上一层楼。

做大品类需求

如果说初认知期重在明示品牌归属何种品类需求，孕育期重在让人们深入认识这一品类需求，到了高速发展期，尤其为品牌注入热销概念而赢得"英雄"形象后，品牌将可以发挥自己的影响力，转向于致力做大品类需求，引领品类成长。毕竟，品类需求是推动品牌持续成长最根本的势能。

王老吉的做法可以参考，它为增加凉茶需求做出了三方面重要的努力。第一是演示更多的饮用场合，不论广告还是软性宣传，或者促销推广活动，均力图告诉顾客，凉茶不仅可以在餐饮场所饮用，还可以在家里、户外、办公室、网吧、酒吧等场合饮用，是一种广普适宜的饮料；第二是结合不同区域或人群的特点，提示日常生活中易出现"上火"的情况，像沿海湿热、北方吃烤肉、上班族熬夜等，倡导饮用凉茶，培育更广的品类消费习惯；第三，展开类似"冬季干燥，怕上火喝王老吉"的推广活动，深入社区、商务区、商超区等场所，宣传凉茶不只适合暑期饮用，而是四季皆宜。这些工作极大地开启了凉茶品类需求，也支持着王老吉品牌持续地高速发展。

做大品类需求有一个重要的策略，即尽可能地运用公关宣传和软性传播，而其中一个重要的技巧是"隐退品牌推品类"。软宣传不仅比硬广告花钱少，更重要的原因在于前者具备可信度，而后者容易令人产生戒备心理。人们可能会有兴趣了解凉茶的历史、故事和功效，或者乐于知道它在中国的销量从2006年起就超过了可口可乐，但这些无须让王老吉介入进去。作为品类代表性品牌，只要在市场上激起了需求，它总是能赢得顾客的优先选择。

保证最低成长速度

如果说品牌在孕育期的打造"快不得"的话（避免"呼啦圈效应"），那么它走出孕育期后的发展将"拖不得"。因为这时品牌已被证明走在成功的路上，但品类消费远未普及和成熟，仍有很大的发展空间，为后进品牌的反超提供了机会和时间保障。类似在中国牛奶饮品市场，光明曾经是领先者，而现在它被蒙牛和伊利超过了。一旦后来者超越先发者，它将最终成为品类的代表，并从此压制住先发品牌（参阅附文1《在既有品类中创建品牌》）。

有必要提醒企业必须预期极高的发展速度而提前做出战略规划，现实中，很多企业对发展的预期和准备不足，使得资源配给不够，最终错失了战略机会。那么品牌的成长速度究竟该是多少？没有固定标准，一切视具体情况而定。可以参考三方面的因素，首先是品类成长速度。作为品类代表和开创者，品牌最初的成长可能就是品类的成长，但迟早会有竞争者加入，品牌在高速发展期要确保自己的成长速度高于品类，以守卫代表地位。其次要参考竞争情况。有些新生品牌因基数低而成长快实属难免，但品牌应该知道哪些是真正值得关注的对手，而且保证自己能有更高的成长速度。最后，留意自己的市场占有率。很多行业的经验表明，品类开创者兼领导者的市场份额，在走出战略源点期之前，应该保持不低于50%。企业应该预料到，需要根据竞争情况随时准备"加油"，以免不测。

此时的企业切忌进入其他业务领域，开辟"第二增长点"。企业要确保集中资源，特别是高层管理者的精力，以在起飞的品类上实现最大程度的追击，获得最大的成果。此时分兵进入其他业务领域，一旦在新的业务领域遭遇强大的竞争对手，更会把企业原本应该投在已有品类上的资源抢走。王老吉在发展过程中也曾有进入新业务领域的想法，而新领域的前景甚至不输于凉茶。最终为了确保王老吉凉茶品牌的更大发展，企业决定专注于凉茶业务，暂缓进入其他业务。

防止品牌泛化

假设一个品牌在前面所述的各个环节都做得很好，顺利地成长到数十亿元的规模，它仍然有很大的可能无法成为长寿的品牌。成功常带来自大、贪婪和麻痹，会最终害了它。

当品牌不断取得成功，连企业内部人也会认为，品牌很有力量和魅力，它可以进入更多的市场，吸引更多的人群，甚至推出更多的产品，换上时新的包装。这些做法在客观上使品牌泛化，它不再代表一定的产品、一定的品项，不再坚守一致的价值，属于某类人群。它变得模糊不清，失去了代表性——而这是品牌力量的来源，其结果是过早地释放了品牌势能，失去了盛开的机会。

保持品项焦点

正确的做法是可口可乐的做法。可口可乐1916年推出了名为Hobble-Skirt的弧形瓶装，并将其打造成代表品项。除了1929年针对即饮市场推出一种铃形玻璃饮料杯作标准的品项外（这种铃形杯至今还印在包装产品上），可口可乐一直在包装产品上保持着弧形瓶装单一品项，直至1955年才推出新的其他品项。当然如前所言，它仍然把弧形瓶印在其他品项上，作为品牌识别。

但这可能会招来疑问：单一品项如何很好地满足更多的顾客消费，比如家庭购买？可口可乐的解决之道同样值得参考。它在1923年发明了6连瓶纸箱，称之为"有把手的家庭装"（a home package with a handle to carry），让顾客能够方便地将可口可乐带回家。这种6连瓶包装此后被不断地改进和进一步应用，先后出现过铝箱、铁箱、塑料箱，还被做成野餐冷藏箱。如此做法让可口可乐既满足了不同顾客的消费，又很好地保持了品项焦点，维护着品牌在顾客心智中的鲜明印象。

家庭消费在中国同样是主力市场之一，王老吉也相应推出了6连罐包装。而且，中国市场有将饮料作为礼品消费的习惯，不单有一定的市场量，同时有助于带动新顾客的消费，王老吉为此着重推出了12连罐礼品装。这些连罐包装，在成熟市场受到了欢迎，它们不仅更好地满足了顾客需求，还巩固和拓展了顾客的消费习惯。

杜绝品牌延伸

品牌必须是一种明确的产品，代表一个品类，在这方面不能妥

协，要比保持品项焦点还要坚定。 品牌延伸是指一个品牌骑跨进入多品类领域，它可以借助品牌的知名度和熟悉度，为新推出的产品赢得一波关注，在短期内收获一些销量。但就长期而言，新品类内的专家品牌将更好地建立起"品类－品牌"的关联认知，去代表品类，从而压制和封杀延伸品牌在新领域的发展。尤为严重的是，延伸品牌如果在原品类领域遇到强有力的专家品牌竞争，也会发生相同情况，最终专家品牌获胜（参阅附文1《在既有品类中创建品牌》）。这是电脑主机品牌IBM退出PC这一延伸领域的原因，也是春兰在起家的空调领域让位给格力的原因。

鲜有品牌可以做到像可口可乐那样，为柠檬味汽水产品推出雪碧品牌，为橙味汽水产品推出芬达品牌。这是杜绝延伸但仍可以把握更多机会的发展之道。但是必须记得，前提是保障原有品牌足够成功。

约束市场

品牌泛化的另一个重要原因，是瞄准过多的人群，进入过多的市场。品牌在走出战略源点期之前，应该有非常鲜明的源点人群概念，并尽量回避势能太低的市场。因为顾客如果在第一次询问"谁在使用它？"时发现该品牌被低势能市场消费，那么他对该品牌的兴趣往往到此为止。

合适的做法是只瞄准一类高势能源点人群，而对因此带动的其他顾客不予拒绝。谁都知道王老吉是餐饮场合流行的高档饮料，但很多习惯喝汽水的人也会喝它。没关系，王老吉的营销能让人判断它的档次。因为王老吉瞄准源点人群做出了系统的取舍：焦点集中的品项、稳定的高价、集中于中高端餐饮场所、中心城市流行、高品质的广告，等等。

维护品类

假如品牌能够坚守代表一个品类，并约束自己不要失去势能，接下来其成就将依赖于品类兴衰，它需要更多地了解品类维护的观念，创造大品类的成长环境。

容纳竞争

品牌的成功不仅取决于自己，还取决于竞争。而且，不是期望竞争少而弱，而是需要竞争多而强。多而强的竞争跟随能有效做大品类，为参与其中的品牌成长带来持续动力。首先，仅有的品牌不一定适合顾客或讨人喜欢，更多的选择可以激发品类需求；其次，多品牌可以增加品类影响，令人觉得品类重要，从而增加信任感和刺激消费；第三，品牌强者相争，可以吸引更多对品类的关注，增加购买机会；第四，多品牌可以形成品类联盟，共同抵御其他品类的竞争。相反，竞争贫乏会导致品类单薄，甚至不易成型，以前健力宝这样，如今椰树、露露亦是如此。

品类因竞争增多和增强而不断壮大，作为品类代表和开创者的品牌也自然受益最多。所以代表性品牌不能过于专注品牌自身，而忽略对竞争的呵护和培养，更不能封杀竞争。特别是在品类发展的早期，顾客的心智都被代表性品牌所占据，跟进者总是那么弱小和容易封杀。代表性品牌应该做的是和同业加强交流，将经验、资源、人才与跟进品牌更多地分享。容纳竞争，共同发展，是开辟性品牌自诞生起就必须恪守的信条。

但领导者切忌过早地推出第二品牌。第一，这种行为会在早期封杀其他品牌的发展机会。毕竟领导者在资源和经验上有着更多的优势，而且第二品牌会得到领先品牌的适度避让与支持，这都使得第二品牌相比其他真正的竞争对手易于成长。第二，由于是自己推出的品牌，第二品牌并不能正常地发挥出相互促进和有效做大品类的竞争作用。例如喜之郎，它在果冻业推出了水晶之恋、CICI等品牌，但彼此间没有通过竞争迫使自己做到最好并因而最佳地创造顾客，更做不到像可口可乐和百事可乐那样针锋相对、不遗余力地斗争从而为品类带来更多关注，最终果冻品类始终不能有效地做得更大。第三，代表品牌本身保持高速发展以赢得品类关注，是最佳的吸纳竞争方式，多品牌出击会分散兵力，危及发展速度。

代言品类

这并非意味着代表性品牌可以放任竞争。在王老吉不断取得成功的过程中，许多凉茶品牌加强了发力，其中不乏强调"下火"功效的，将凉茶当成了清热良药。而本来，王老吉正是通过将凉茶从"药饮"重新定位为"饮料"而成功的，强调药效的做法恰恰是把凉茶从饮料又拉回药房。王老吉突出于所有品牌，坚持了大力度的广告投放，诉求在各种饮料消费场合畅饮凉茶，强化了凉茶是一种饮料的品类形象。

这揭示了代表性品牌应该为品类代言，把握品类走势，为所有竞争品牌创造良性品类环境。事实上，如果为了强调品牌，王老吉本身有很多值得顾客认知的地方，比如它凉茶始祖的身份、170多年的品牌历史（比可口可乐还长50多年）、传统配方，精选材料与精工制作，等等。但这些凸现王老吉比其他品牌更为正宗与卓越的信息，更多的是指向品类内竞争，于品类的发展益处不足。王老吉实际采用的做法，像"怕上火喝王老吉"的宣传，是以品类代表身份直接唤起品类消费需求。正是在代言品类的过程中，品牌本身会加强品类代表地位，从而能更好地代言，更好地引领竞争和维护品类。

保持领先

如果品牌将前面的各项都做好了，它应该可以在日益兴起的竞争中，很好地保持领先优势。对于顾客来说，品类代表性品牌的认知一经确立，是不容易改变的，他每一次消费品类，都会加强"品牌-品类"的认知链接。特别是当品牌还能经常地代言品类时，就更是如此。如若还有所担心的话，则可以增加以下三重保障。

首先是持续的运营配称领先，提升竞争门槛。作为开创性的代表品牌，对品类消费和业务经营应该有着更好的理解，同时领先位置会带来资源优势（包括和产业链的关系），这些都有助于品牌设计和执行更高水准的运营配称。例如对王老吉来说，它显然会比其他跟进者更了解餐饮渠道的重要性及其中操作的关键，也更有机会加强在此渠道的铺货、促销，并因为产品畅销与售点建立更密切的合作。王老吉的用心经营，将在很多方面都构筑起更高的运营门槛，这些将和品牌在顾客心智中的优势配合起来，双重保障领导地位。

其次是不断地进化和建立品类标准。由于是一直领先的品牌，同时对顾客需求及产品有着很好的把握，品类代表者可以结合自己的长处，利用自己的影响力，引领品类向有利于自己的方向进化，不断地改进产品，建立起衡量价值的标准。微软和英特尔是这方面的两个代表，前者在操作系统上强调功能强大，后者在芯片业强调速度，不断地更新换代产品（甚至超出必要），使竞争者疲于应付。事实上，在电脑业功能、速度、稳定性都很重要，但微软和英特尔各自主导了品类标准。

最后是营销品牌的品类地位。与上述两点致力于提升行业水准和引领品类进步不同，本做法用在领导地位被危及时进行防御，目的是打击同类对手，突出品牌地位。这一做法被证明非常有效，经典的案例就是可口可乐防御百事可乐，诉求自己是品类发明者——"正宗货"，而对方是"仿冒品"，结果一举扭转劣势。老实说，这一点尽量不早出现为好，因为这就是前面提及的指向品类内竞争的做法（像"凉茶始祖"），最好先作为品牌"备而不用的王牌"。

打造区域心智资源

之前曾述，有些地区会被公认在某些品类打造上具有特别优势。就像法国催生了众多葡萄酒品牌，做大了葡萄酒品类；瑞士催生了很多手表名牌，壮大了手表品类；广东正在扶持更多凉茶品牌，推动凉茶品类。这种区域心智资源优势是品类成长源源不断的持续动力，是培育世界级品牌的丰沃土壤。

- 首先，区域心智资源会赋予品类底蕴与信任感，使其易于被人们所认知和接受；
- 其次，区域心智资源赋予品牌更佳的品牌形象和产品品质感，有利于提升和壮大品类；
- 最后，区域心智资源有利于吸引企业形成产业集聚，提升产业合作和产业链水准，支持品类发展。

打造区域心智资源有三个要点，第一个要点是获取政府支持，因为只有政府才能提供一个品类蓬勃发展的环境，并具备足够的公信力，唤起大家的共同参与。第二个要点是为区域获取信任状。比较常见的信任状有两种形式。一种是像呼和浩特那样，得到官方认定，获得"中国乳都"的称号，以此支持内蒙古形成牛奶品类上的区域心智资源；另一种是晋江的做法，从第三方获取有公信力的事实支持，以"全球每百件夹克中12件出自晋江"，突出自己在夹克品类上的制造优势。区域获得这些信任状之后，要广泛地营销出去，与区域内品类的繁荣相呼应，促进区域心智资源的形成。第三个要点是将品类或代表性品牌打造为区域"名片"。"名片"有升级现象，可以为品牌注入不断腾飞的动力。可口可乐就是如此，"亚特兰大特产"让它声名鹊起，"南方圣水"让其畅销美国，而"美国象征"令其征服世界。

王老吉联合其他凉茶企业，借助政府支持，把广州打造成"凉茶之城"，是为凉茶培育区域心智资源的起点。王老吉先有可能成为广东省的名片，若能如期在中国市场超越世界第一品牌——可口可乐，它也有可能成为中国的一张"名片"，从而获得更大的成长势能和动力。

对于一些立志打造区域心智资源以求更大发展的品牌来说，通常在早期会遭遇到信心不足的问题，认为品类或品牌的经济规模因在区域经济规模中只占很小的比例，不足以代表区域。王老吉也被质疑过，凉茶在广州的产值，远不及汽车、地产等产业。回应这种看法最恰当的例子，也莫过于可口可乐，可乐在美国的经济比重中可有可无，但可口可乐一样是人们公认的美国"名片"。志向伟大的品牌应该知道，成功在于抢占心智认知，而非在现实数据中较量。

当然无论多么努力，总有些事非人力所能及，打造区域心智资源也一样。如若体察到区域心智资源很难形成，或者需要付出的代价太大，最后需要建议的一个要点，是"迁都"。也就是说，看好一个品类的前景，要同时考虑将品牌建立在哪里。培育超级品牌，值得为它选择最佳的土壤。就像联想电脑，它要成为成功的世界级品牌，应该及早彻底将总部迁往美国，那里拥有高科技产业的区域心智资源。

结束语：走出战略源点期

当品牌在顾客心智中建立起品类代表定位，意味着新品牌和新品类都被广泛接受，而品牌成为品类需求下的首选，它结束了战略源点期的成长。

从创建品牌的起点看，品牌打造是从既有的品类需求中细分出新的品类，就像可口可乐从饮品中细分出了可乐。但从创建大品牌甚至世界级品牌的终点看，品牌打造应该不断地升级为更大品类的代表者，就像可口可乐最终代表了汽水，甚至代表了饮料。这要求品牌从一开始就要为品类规划好大发展的基础，以支持品类能成长为统领性的主流品类。

王老吉也一样，作为凉茶品类代表，它吸引了很多凉茶跟随者，同时也吸引了一些其他具有中国特色的草本饮品加入饮料市场。中国有可能和国外流行汽水不同，兴起天然草本饮料的消费，甚至风行世界。王老吉要确保凉茶在草本饮料中作为主流，进而有可能在饮料大品类中也成为主流。只有及早规划好大品类发展的基础，并约束好品牌聚焦势能，才有机会让品牌成为世界级品牌。

附文1

在既有品类中创建品牌

并不是所有的品牌都通过开创新品类获得成功。在一些生活必需及传统性领域，例如服装、食品、餐饮、房地产等，其中有许多品类早已存在，只是人们习惯于无品牌消费或选择当地品牌，这为创建统领性的全国品牌提供了机会，像金龙鱼食用油、鲁花花生油、蒙牛牛奶、如家酒店等。其前提是，这些品类原来并没有明显的领导品牌，或者领导者是一个延伸品牌，又或者品类还有足够的发展空间可以让后来者赶超。同时，要求创建品牌者能够拥有充足的资源，可以支持自己跑在品类的前面，成为最终的领导者。

品牌打造所追求的结果不变：成为品类的代表。特别之处在于，顾客心智中已经有了品类及需求，但没有储存代表性品牌与之相应，品牌应该通过获取市场领导地位来赢得代表资格，并在发展过程中加强营销，以使自己和品类紧密相连。

带着信任状出场

虽然品类早已存在，但品牌要进入顾客心智中，仍然会面临初认知课题。品牌及早强调自己的信任状，表明"出身"和"身份"，有利于在同类中突出自己，并有效防范负面认知。同时，信任状也为顾客提供了选择品牌的理由，吸引顾客关注和购买，协助品牌赢取市场。

对既有品类的消费而言，最有力的信任状是市场地位，如果品牌原本拥有较好的基础，应该诉求自己的领先地位或销量。典型的例子是雪花啤酒。中国的啤酒市场多年来没有一个代表性的全国品牌，雪花通过收购当地啤酒企业获取了市场及销量，但将所有的啤酒都切换为雪花品牌，迅速成为一个"率先超过300万吨"的品牌，开始在全国营销自己"啤酒第一品牌"的地位。

蒙牛最初的品牌诉求是"来自大草原，自然好味道"，强调自己源自大草原的"出身"，和区域心智资源结合起来，是第二种不错的选择。有时候，更好的产品本身可以成为信任状，但不宜直接诉求产品的特点，这会像品牌自夸。可以像一些品牌说明自己得到"××部门认证"的做法，争取权威组织的鉴定，确认自己的产品优点。注意把握两个原则，信任状应该是公认的事实，而且尽量具备促销力。

尽可能地追求速度

既有品类已被人们所接受，品牌就无须担心风尚化。相反，品牌越早进入高速发展期，越早赢得热销势能，对品牌成长越有利。舆论崇尚英雄，顾客习惯跟风，品牌一旦赢得关注与追捧，将迅速形成良性循环，因而在竞争中占尽先机。

品牌无须考虑源点人群和规划市场的顺势推进，只要有可能，应尽早攻取最能获得销量的市场，获取热销概念并不断升级，推动品牌热上加热，直至取得市场领导地位。品牌最好能拥有一个经典品项，这有助于顾客认知和记忆品牌，但一定要确保是最有销量前景的品项，而且在经营中可以有更多补充品项同时存在，让既有品类的顾客了解这是不同的产品形态。为了追求发展速度，品牌不应该有利润的概念，甚至需要广开融资渠道，以保证高速发展。有可能的话，可以仿效雪花啤酒的做法，通过收购快速扩大市场规模。迅猛发展不可避免地会带来各种管理问题，但只要实际允许，可以容忍，就应尽量在保持高速度的成长中解决。

一旦品牌抵达领导位置，要立即加强营销，并确保让尽可能多的人知道。商业中，人们都更愿意和领导品牌打交道，那意味着更低的风险和更好的机会。在既有品类中让人们知道出现了领导品牌，不仅可以吸引更多的顾客，还能吸引更好的行业人才、供应商以及各种社会资源，最终彻底超越同类竞争者，真正成为品类的代表。落后的品牌，则需要重新定位，否则自此会成为随机性的替代选择。这是蒙牛冒着失去公司控制权的风险，也要融资"狂奔"的原因，它在六年间从零超越了原来的领先品牌。

警惕品牌升级为公司

当然蒙牛做得并不完美，它有将品牌升级为公司的倾向，这是制约既有品类领导者迈向卓越的常见陷阱。在既有品类，很容易发展出多样化产品，这会令品牌不知不觉地延伸。即使企业为新产品推出新品牌，也常常会以成功的领导品牌作为背书，以表示这是同一家公司的产品。蒙牛品牌所属不仅有各种花色的常温奶、低温奶，还有各种口味的乳饮料、奶粉、雪糕，高端奶、酸奶等产品，虽然推出了特仑苏、冠益乳等新名字，但统统冠以蒙牛商标。这一切都是在提醒顾客，蒙牛并非某个品类的代表性品牌，它是一个生产乳业产品的公司。

类似王老吉这种单一产品的品牌，才是最强势的品牌，它保留着持续增长的势能。囊括众多产品的品牌，很快就会失去品类代表性，终究会被专家品牌——取代。

仍然要维护品类

品类能在没有代表性品牌的情况下发展起来，其本身是极具生命力的，领导品牌不需要太多地考虑竞争不足和为品类代言的问题，它应该关心如何拓展品类。

任何领导者拓展品类的做法都是相同的，无论既有品类还是自创品类。它可以像麦当劳那样直接宣扬快餐品类的好处，鼓励人们周末好好休息在外就餐；或者像农夫山泉那样，引领天然水品类去进攻别的主流品类，之前进攻纯净水，现在进攻矿物质水，以后则可能是可乐。值得提醒的是，区域心智资源能赋予品类魅力与势能，仍然是不可低估的力量。

附文2

品牌定位案例：王老吉[⊖]

2004年8月，"王老吉"的罐装凉茶的销售额突破了10亿元人民币，标志着王老吉正式加入了10亿元品牌的行列。其实在王老吉登上10亿元销售额这座高峰之前，它的销售额在2003年就比上一年增长了4倍，达到了6亿元人民币。

⊖ 本文为王老吉案例第一次应《哈佛商业评论》之邀整理，同题材文章《跻身"10亿元品牌俱乐部"的5个定位要点》刊于《哈佛商业评论》中文版2004年11月号。

作为王老吉的品牌战略顾问，我们于2002年介入该品牌的创建和管理活动，当时它只有1亿多元的规模。虽然在中国的饮料以及保健品市场上，品牌在短期内从大起到大落的现象已不鲜见，但是以我们对王老吉的了解以及亲身的实践，我们认为王老吉走的是一条品牌发展的正道，它避开了很多导致品牌短命的陷阱。如果不犯大的错误，再结合精心的照料，它的生命周期很可能会像可口可乐一样不断延伸。

在本文中，我们将以王老吉这个案例为线索，综合其他品牌的得失，在更普遍的意义上探讨创建成功品牌的5个定位要点。

让品牌成为品类的代表

创建品牌的第一步是选择一个有前景的品类，并确认要创建的品牌有机会成为此品类的代表。成功的品牌往往都是某个品类的代表，比如红牛代表能量饮料，星巴克代表高档咖啡店等。为王老吉进行定位工作，也要让它代表一个品类。经过分析，我们确认王老吉有一个很好的基础——100多年来它至少在广东一带成为凉茶的代表，这是整个定位工作的第一步。

品牌和品类　为什么让品牌代表一个品类是品牌定位的首要工作？从消费的本质来说，人们购买的是品类而非品牌，顾客之所以选择某品牌，首先是因为它代表了品类。

消费者喝可口可乐，是因为人们口渴的时候，会想到要喝可乐（在这里可乐是一个品类），而可口可乐则是可乐的代表，因而它成了购买时的选择。没有成为品类代表的品牌，很难获得消费者选择。

品类代表忌复杂　中国企业现在都知道要凭借差异化来战胜对手，但是很多企业往往过分强调产品成分与功能上的微小差异，这就忽略了一个事实：对消费者来说，细微而复杂的差别会导致混乱。

乐百氏2003年推出脉动时，它代表了一个新品类——维生素水，这个品类与可乐、茶饮料和水相比有明显差异。此后，娃哈哈推出激活，添加了所谓的"亚马孙雨林青春活力果瓜拉纳"；康师傅推出的劲跑X，则一起补充维生素、糖原、氨基酸；汇源的他与她水，更根据不同性别提供营养。

那么，消费者会如何看待这些产品？对消费者来说，只有维生素水最简单明了。他不会动太多的脑筋来比较这样那样的差别然后掏钱买单，他只会笼统地将所有其他产品都视为脉动的同类。这样，这些产品在本质上就没有了差异。领先的脉动，只要加强铺货，强调自己是维生素水中的第一品牌，就可以遏制其他品牌的发展。代表某个品类，实际上使品牌获得了最大的差异。

为新品类重新定位

品牌成为品类的代表之后，确保了消费者购买品类时会首先选购这个品牌，然而这还不够。对于王老吉来说，虽然它代表了凉茶这个品类，但带有广东地方特色的凉茶很难为全国消费者认可和接受。此外，人们一直把凉茶当成药，这必然导致王老吉在销量上无法取得更大的突破。

因此，王老吉定位工作的第二步，是做大凉茶这个品类市场，让更多人想到喝凉茶，并且把王老吉当成茶而非药。而要达到这一目的，必须为凉茶品类重新定位，使之成为一种像茶一样能被人们广泛认可和接受的主流品类。

对立性定位　为品类重新定位的关键是识别出最主流的竞争品类，并界定该品类对消费者的核心价值。然后，从反面出击，建立与之相对立的新品类，在品类上创造出差异。这样做的好处是使消费者在考虑主流品类时，同时也想到它的弱处和对立品类的好处，使新品类也逐渐变成一种主流选择。

比如，可口可乐诞生之初，当时的主流饮料是酒类，其品类价值是具有精神麻醉作用，可以缓解人们的工作与生活压力。可乐刚好站在"麻醉"的反面，明确提出与之对立的策略——"提神醒脑"，由此建立起与酒类相对抗的饮料品类。

站在主流品类的反面为新品类重新定位，实际上同时也在为主流品类重新定位，指出了主流品类与生俱来（与其品类价值伴生）的弱点，并凸显出新品类的价值。比如，将可乐定位为提神醒脑的饮料，实质上同时也把酒精类饮料归入了麻醉和抑制的类别。

王老吉的定位　王老吉针对的主流饮料品类是什么呢？是汽水！它们被称为清凉饮料，然而只是暂时性的口感清凉，是假清凉。相反，凉茶可以预防体内上火，因而形成了与汽水对立的品类。把王老吉从"清热解毒去暑湿"的药饮产品重新定位为"预防上火的饮料"，还可消除中国人心目中"是药三分毒"的顾虑，进一步拓展消费群和消费量。

这种战略选择有史可鉴。诞生于100多年前的可口可乐，最初同样是功能性药饮，功效是治疗神经性头痛。后来，可口可乐将自己定位为"提神醒脑的饮料"，终于走出药房，成为美国饮料业的主流品类。

总之，如果一个品牌要去开创一个品类，最佳的做法是直接向主流品类代表发起冲击，就像凉茶冲击汽水一样。根据这个逻辑，激活、尖叫等品牌的做法并不可取。它们只是强调产品的独特性，忽略了创造品类差异的重要性，从而无法成为主流产品，只能沦为支流。

采用单一产品

既然品牌代表一个品类，就要让这个品类的产品明确化，不能既是这样又是那样。任何一个伟大的品牌，都指代着明确的、单一的产品。可口可乐是一种明确的产品，红牛也是一种明确的产品，这些产品的明确性增强了品牌的力量。如果产品不明确，则会削弱品牌的力量。

不专注之弊 第五季就不是一种明确的产品。它包括汽水、果汁、茶和水，而汽水又包括可乐、苹果汁、柠檬汁、橙汁、冰激凌等多种口味。消费者要喝第五季，会有几十个瓶瓶罐罐要他进一步确定，这就人为地给消费购买决策设置了障碍。

品牌推出太多产品，骑跨多个品类，也会给后来的竞争者提供可乘之机。比如，娃哈哈品牌下什么产品都有，但它更多地只代表饮用水，它的茶、果汁和加汽果汁卖得并不好，水也正被农夫山泉超过。再比如，尖叫有三种产品，而实际上每一种都可以建立新品类。如果有人建立独立的植物饮料、纤维饮料和活性肽饮料的代表品牌，那么当消费者需要购买这些品类时，首先出现在他脑海中的恐怕会是这些独立的代表性品牌，而不是尖叫。

何时多样 如若一个成功品牌没有竞争，适度扩大产品组合也是允许的，但一定要在品牌成功以后，而且要确定市场上确实没有厉害的对手。

可口可乐推出不含咖啡因的可乐、健力宝推出柠蜜型、农夫山泉尝试长白山矿泉水等举动不会混乱人们对原有品牌的认知，也很少会影响到品牌作为品类代表。因为品类已经成熟或成形，而品牌也已经相对稳定。不过，事实上这些成功的品牌后来增加的产品卖得都不好。

还有一种情况会导致产品不能单一，那就是品类一经界定，客观上就存在不同的产品，使企业难以取舍。例如一谈到果汁，就有橙汁、苹果汁、葡萄汁等。这里建议学习鲜橙多，它开创了低浓度果汁品类，而且只选择了橙汁一个产品，但销量远远超出其他低浓度果汁品牌。一般来说，开创品类者总是可以优先选择最好的产品，将差一些的留给对手。

王老吉定位工作的第三步，就是如何看待和处理多样化产品的问题。现在市场上的王老吉，一方面有加多宝的红色罐装产品，一方面有羊城药业的药材煲剂、冲剂和纸包装之分。我们通过论证，认为王老吉这种表面上的多产品现象，其实属于形态不同，本质上可认为是同一种产品，就像可口可乐有瓶装、罐装，还有餐饮业运用的杯装。

不要依赖品牌形象和文化塑造

打造饮料品牌有一个最大的陷阱，就是企图从品牌形象与文化塑造入手。有些企业认为，可口可乐之所以强大，是因为它代表了美国精神和文化；百事可乐之所以成功，是因为它代表着年轻和激情。因此，我们看到第五季投入了巨大资源，力图塑造"轻松、自我、叛逆、梦幻、时尚"的品牌形象。

形象和文化是顾客带来的结果　实际上，品牌形象与文化不是企业塑造出来的，而是品牌拥有的顾客带来的，是品牌成功后具有的光环效应。如果一个品牌很成功，它就会赢得众多的某类顾客购买，就可能形成某种社会或文化现象，品牌也因此会被赋予某些象征性意义。

可口可乐是美国最畅销的商品，百事可乐吸引了最多年轻人购买，所以可口可乐代表美国文化，百事可乐代表激情。然而，品牌不可能反过来，在毫无市场影响的前提下，主动塑造成富有某种意义的形象，然后带动销售。一句话，品牌没有顾客就没有文化。

虽然有时候品牌形象塑造确实能带来销售，就像第五季一样，短期内将销量推到一个较高程度，但是这种效果只是短期的。对于企业来说，往往在经销商第一轮大量进货后，紧接着就是艰难的推销，然后面临订单的减少。这是因为渠道不清醒，受到大规模广告蛊惑的缘故。

当然，已经成功的品牌是可以进行形象和文化广告宣传的。由于可口可乐就代表可乐，人们接触到任何可口可乐的信息，都会强化"可口可乐就代表可乐"的认知，接触一次提醒一次。因此可口可乐只要维持宣传热度就会有效。既然"可口可乐代表美国文化"能引来广泛的兴趣和口碑，顺势推波助澜一下是可以而且合算的。

王老吉从原因入手　王老吉定位工作的第四步，是把企业活动纳入营销"预防上火的饮料"上来，加强餐饮销售渠道建设和定位概念推广，完全摒弃华而不实的品牌形象塑造。

以前，王老吉品牌期望通过"健康家庭，永远相伴"的形象塑造来吸引消费者购买。然而，如果没有事先创造出大量消费者购买这个事实，此口号只能是自言自语，该形象也只是企业的一厢情愿。相反，如果王老吉从餐饮领域突破，成为华人喝得最多的饮料，并在全球通行的可乐、咖啡、乳品和水饮料之外，为世界增添源自中国的凉茶品类，人们自然会赋予它带有东方色彩的形象。

不要排斥竞争

把品类朝着主流的方向重新定位后，将引来众多跟随品牌。这些跟随品牌的到来，可以使新品类做得更大，自然也带来了竞争。

同行不一定是冤家　品类在竞争扩大后，各个品牌都能得到好处，而领先品牌得到的好处最大。就此而言，所有在同一品类下的竞争品牌都是盟友，都站在同一阵营，共同抢夺着消费者对其他品类的注意。正是这种协同效应能够将整个品类打造成众所周知的主流产品，所以不要排斥竞争。

康师傅、娃哈哈、第五季、农夫果园等品牌的涌现，表面上是侵犯了鲜橙多的市场，但没有它们的介入，低浓度果汁品类不会这样"旺"，领先品牌鲜橙多也不会像现在这样成功。如果没有激活、尖叫等品牌的跟风，维生素水品类不会得到那么多的关注，脉动也不会有现在这么好的销量。

保持领先　在众多竞争对手到来之后，代表性品牌此时需要先行一步，一方面针对竞争品类拓展新品类，另一方面形成新定位下各种运营活动的战略配称，以确保未来占得主动。比如，农夫山泉建立了天然水品类后，还尝试推出了长白山矿泉水。它在推广上提出天然水比纯净水更适合饮用；在经营上则加强对天然水源的获取，掌控了千岛湖、长白山、丹江口、万绿湖四大优质水源地，确保了品牌在天然方面的优势；在营销上，农夫山泉以学生为初始消费群，定价也明显高出纯净水；它还致力于赞助体育运动的公关宣传。所有这些都非常鲜明地传达了这样一个信息：农夫山泉天然水比纯净水更好。

凉茶这种传统功能性饮品，其历史和配方是品牌的核心优势。王老吉战略配称的第一步，是借助170多年的历史确立"凉茶始祖"的身份，完善自己的品牌故事，并塑造配方的传统性与神秘性。值得一提的是，王老吉赞助了中央电视台电视连续剧《岭南药侠》的拍摄，该剧主角即品牌的创建者王老吉，这将利用国人喜闻乐见的形式将品牌故事导入消费者的内心。而在具体的经营中，王老吉领先其他凉茶品牌建立了全国性营销组织，并注重餐饮渠道的建设和推广，特别在国人认为易上火的湘、川菜馆和炸鸡连锁店卖饮料，完全改变了把传统凉茶当成药饮产品的经营方式。另外，王老吉作为传统的成熟产品，创建品牌不能像创新产品那样依靠公关逐步推动（同时留下产品修正时间），它需要广告的全力推动，以获得一马当先的品牌效果。王老吉从原来的品牌形象塑造，转向"怕上火就喝王老吉"的号召性诉求，并在广告上大量投入，确保自己在竞争中领先，也促进了品类的发展。

推广品类　王老吉定位工作的第五步，即在初步成功的基础上，从推广品牌有意识地转向推广品类，带动凉茶品类的成长。事实上王老吉作为第一个全国性的凉茶产品，其品牌推广本身就是在开拓品类，"怕上火就喝王老吉"的宣传，将为很多跟进的凉茶产品打开局面。

王老吉现阶段要做的，是站在领导者的地位上，保持开放的态度，与大家共享市场。王老吉力图实现的市场景象，是各种凉茶品牌的共同繁盛。它愿意看到强调"真材实料，现场煲制"的"黄振龙"凉茶铺遍中国城市，尽管"黄振龙"强调它的功效比罐装凉茶更足；它也欢迎"邓老"，不排斥它的"现代凉茶"……总之，王老吉希望看到预防上火的凉茶品类红遍全国。领导品牌既然是品类的代表，就一定要带头让品类兴旺起来，一荣俱荣，共同分享成果。

结束语

很多人在潜意识中认为某些国家、区域在某些品类有特别的优势。比如，一般人认为，从国家来看，法国适合打造葡萄酒品牌，中国适合打造茶品牌；从区域来看，内蒙古适合打造乳品品牌，山西适合打造醋饮品牌。这些就是国家或区域的心智资源。

王老吉也拥有这样的心智资源，这也是我们对这个品牌充满信心的一个重要原因。王老吉源自凉茶的故里广东，这将成为王老吉立足中国、放眼世界的理由。当王老吉成为中国畅销的饮料品牌之后，下一步就能作为中国中药保健饮品的代表走向全球，像可口可乐一样，进入美国及世界市场进行罐装。随着中国在全球地位的提升，神秘的东方魅力、五千年文明还可以成为王老吉抗衡可口可乐等品牌最强有力的武器，实现其"中国可乐"的愿景。

就国家心智资源优势来说，中国在瓷器、中药、白酒、黄酒、茶和中式餐饮等行业最有可能创造出一批世界级的品牌，王老吉有望为中国企业创建世界级品牌做一个示范。

附文3

王老吉品牌实践案例研讨

《跻身"10亿元品牌俱乐部"的5个定位要点》文章刊发后获得

了很好的反响，2007年8月，《哈佛商业评论》在线讲堂再次刊发了
这篇文章，并邀请作者就该案例撰写了解读文章并对读者的提问进
行了解答。

为品牌补充动力

——解读《跻身"10亿元品牌俱乐部"的5个定位要点》

近几年中国企业越来越意识到品牌的重要性，也为之付出了很
大的努力，但由于缺乏对品牌的认识，创建品牌的行动大多仅仅是
努力，而缺乏成果。为此我们写了很多文章，分析了企业做得不对
的地方，也预言了很多品牌没有前途，如今很多被不幸言中。然而
仅告诉企业"那样做不行"还不够，还需要举出"这么做才行"的
正面例子。

我们自2002年开始成为王老吉的品牌战略顾问，首先对它的战
略进行了重整，之后根据竞争环境的改变，定期梳理战略并进行相
应的调整。2003年，新战略实施一年后，王老吉罐装凉茶的销售额
比上年增长了4倍，达到6亿元。2004年1～8月，它的销售额突破了
10亿元。我们相信王老吉的潜力才刚刚开始释放。于是在11月，我
们撰文根据王老吉品牌的实践提炼出5个定位要点。

如今两年半又过去了，王老吉罐装的销售额已上新台阶，多个
省的销售已经超过可口可乐，在全国范围内成为最畅销的罐装饮料。
随着王老吉品牌的不断成长，这篇文章受到越来越多企业的重视。
其间我们接到很多企业的来电，有些企业提出同王老吉相似的问题

要求解答，也有些企业询问王老吉品牌最新的发展情况。

再谈品牌定位

创建品牌，其实质是开创并拓展一个品类，并保持品牌的领先地位。在这一过程中，需要注意5方面的要点。首先，要设法让品牌成为某个品类的代表。其实人们消费的是产品，而不是品牌，之所以选择某品牌，是因为该品牌代表了这个产品品类而成了首选。如果品牌代表了某个品类，那么就能确保人们在产生该产品（或服务）的需求时首先选择它，这是品牌成功的重要基础。其次，品类拓展了，品牌才能成长，这往往需要对品类进行重新定位，以更新或重塑人们对品类的认识，并促使他们消费。最后，品类的产品必须明确化，确保它能被消费者清晰地认知并接受为一个独立的品类。这就要求品牌采取单一产品，避免推出多产品而混淆消费者对品类的认知。

除此之外，成功创建品牌要纠正两个错误观念。其一，以为品牌形象和文化塑造能打造品牌。事实上恰恰相反，品牌形象和文化是品牌成功后带来的光环效应，不可能反过来。其二，排斥竞争对手。其实，竞争对手的加入是好事，有助于增加品类的影响力和关注度，共同把品类做大。领先品牌这时只要优化战略配称，时刻保持领先，就能获得最大的收益。

王老吉的快速成长，得益于把握好了以上诸方面要点。王老吉在广东一带是凉茶的代表，为它代表凉茶品类开拓全国市场奠定了很好的基础。2002年前其销量无法突破的原因，主要是凉茶在当时还是具有广东地方特色的饮品，其他地方的消费者都不知道凉茶是什么，此外人们一直把凉茶当成药饮，存在"是药三分毒"的顾虑。为了让全国消费者更好地认识和接受凉茶，并且把凉茶当成茶而非药，王老吉直接向饮料中的最大品类——汽水品类发动了冲击，把凉茶重新定位为"预防上火的饮料"，使凉茶成为和最大的饮料品类——汽水相对立的品类。王老吉放弃了之前通过塑造"健康家庭，永远相伴"的品牌形象吸引消费者购买的做法，而是直接诉求传递新定位的说辞——"怕上火喝王老吉"。王老吉对竞争对手也持开放的心态，它一方面代表凉茶一马当先地推广凉茶品类，另一方面围绕新定位进行综合战略配称，比如率先建立全国性营销组织，注重餐饮渠道的建设和推广等，以确保自己在竞争中领先。

重新定位，为品牌补充动力

掌握了这5个定位要点，企业在创建品牌时就具备了很好的基础，但这并不意味着就此一劳永逸。实际上，随着品类的兴起和品牌的发展，往往需要根据竞争环境的变化不断进行重新定位，使品牌面对竞争时处于最有利的决战地点上（定位的真正含义即在于此）。形象地看，创建品牌好比发射卫星，需要多级火箭的推动（多次重新定位），才能让卫星抵达预定轨道（让品牌扎根于消费者心中）。如果品牌未能通过重新定位持续不断地补充动力，那么很可能就此停止成长，甚至转而开始下落。

王老吉把凉茶从"清热解毒祛暑湿"的药饮重新定位为"预防上火的饮料",重塑了人们对凉茶的认识,释放了凉茶品类的成长空间,为品牌的起飞注入了动力。经过几年的快速成长,如今罐装王老吉的销量在多个省份超过了罐装可口可乐,实际上它在罐装饮料中已经排名第一。这时,王老吉又一次对自己进行了重新定位,即"中国最畅销的罐装饮料",为品牌的进一步跃升注入动力。重新定位王老吉为"中国最畅销的罐装饮料",能充分借助"热销"效应,吸引并促使更多人去消费。对于潜在顾客而言,"热销"有两方面的动力:一方面,很多消费者有追赶潮流的倾向,既然王老吉凉茶这么火,别人都在喝,那么我也应该尝试一下,不然就落伍了;另一方面,很多人对新品类一开始会心存顾虑而不愿尝试,而热销有助于消除他们的顾虑,既然这么多人在购买,说明王老吉凉茶是个可靠的产品,值得尝试。对于媒体而言,它们往往热衷于报道流行和热门的东西。王老吉的热销可以获得媒体的报道,获取人们对王老吉凉茶的关注及口碑的谈论,维持品牌和品类的热度,其效果远远胜过广告。

可以肯定的是,在不远的将来,王老吉还需要再次重新定位。

专攻品类,铸造本土品牌

除了少数例外,大多数中国企业由于没有意识到品牌的价值在于代表一个品类,在某个产品品类小获成功后,就纷纷走上了多元产品之路,结果与打造品牌背道而驰。家电业的长虹是典型的例子。1997年以前,长虹聚焦在"彩电"品类上,在国内品牌中取得了领先。如果长虹能坚持下去，那么它很可能真正成为彩电品类的代表，进而创建强势品牌。遗憾的是，长虹在1997年底推出了空调，从此失去了鲜明的定位。不能代表品类的品牌，往往只能依靠低价吸引顾客，不仅在短期内造成利润的不断降低，而且削弱企业投资长远未来的能力。长虹于1997年时净利润高达26.12亿元，接着利润开始连年大幅下滑：1998～2000年分别跌至20.04亿元、5.25亿元、2.74亿元，2001年净利润仅为8 854万元，2002和2003年略为回升至1.76亿元和2.06亿元，2004年则惊爆36.81亿元的亏损。春兰、小天鹅、容声也是如此，原本它们分别在空调、洗衣机和冰箱上具有领先优势，有望成长为各自品类的代表性品牌，结果都因贸然多元化扩张而错失机会。

格力几乎是家电业中做得较好的唯一例子。格力聚焦在空调品类上，家用空调销量已是世界第一，在很大程度上已经是空调的代表品牌。格力若能坚持下去，不断提升研发能力，将有望能进一步将格力与美的的差距拉大到2∶1的程度，在全球成为空调代表，从而为中国贡献一个世界品牌。喜之郎果冻是做得较好的另一个例子。喜之郎开创了果冻品类，如今它代表了果冻，想到果冻就想到喜之郎。喜之郎的营业额虽然不太大，但却创建了强势品牌。

在中国市场创建品牌的机会非常多，可以选择两条路。其一，如果某个既有品类还没有代表性品牌，可以通过率先聚焦在该品类上取得优势，逐步成长为代表性品牌。比如，彩电、洗衣机、冰箱等品类都有创建品牌的机会，这些品类目前普遍都是多元化品牌而缺乏代表性品牌。其二，开创新品类。新品类不存在竞争，如果某个品牌能率先开创某个品类，那么它自然就是这个品类的代表。就像红牛开创能量饮料品类，王老吉开创凉茶品类，九阳开创豆浆机品类，新品类的机会无处不在。当然，开创新品类需要胆识和勇气，因为一开始新品类的市场是零。

答疑解惑

读者问题一：单一品牌能适应不同文化吗

问：您好，看了这期的在线讲堂，我深受启发，不过还有一些困惑。我的困惑是，王老吉凉茶虽有上百年的历史，但它最初的推广也只在广东，这是由广东的饮食文化和地理环境所决定的。即使现在它已经走出药房，并重新定位为茶类饮料，但并不表示全中国或全世界都可以接受它。中国各地区饮食文化不同、地理条件不同，如果只用单一的品牌，如何能满足不同地域文化的要求呢？如果是想进入世界市场，单一品牌的局限性就更是显而易见了。我当然不是说只有多样化的产品才能体现其企业的竞争力，但毕竟单一产品在品牌打造的后期会出现比较大的局限性。就这个困惑希望听到专家的意见。

答：这个问题问得非常好。如你所说，由于中国各地区饮食文化及地理条件的不同，像王老吉凉茶这样从某个特定区域因特定地域条件发展出来的产品，要走向全国市场，会遭遇不小的阻碍。也正是由于这个原因，区域品牌在走向全国的过程中需要重新定位。

凉茶最初在广东是"清热解毒祛暑湿"的药饮，这样的产品要走向全国市场，在大多数地方会遭遇消费者的接受障碍，因为在他们的地域文化和生活里并不存在这样的概念。于是，王老吉把凉茶重新定位为"预防上火的饮料"，"上火"是中国很多地区普遍存在和容易理解的概念，而且将凉茶饮料化，就容易被很多地区的消费者接纳了。目前，王老吉又一次进行了重新定位，即国内最畅销的罐装饮料，这样王老吉作为一种时尚、流行的饮料，能进一步突破地区之间的文化差异，利用大多数消费者追赶潮流的心理，促使更多的人去消费。今后王老吉要走向世界，也需要再次重新定位，那时候很可能就要利用中国在草本膳食上的历史传统。

即便进行了重新定位，品牌也只能吸引到那些对品牌的定位产生认同的消费者，不可能赢得全世界所有消费者的认可。但是一个品牌如果进行了恰当的定位，还是能获得很大的发展空间，可口可乐、红牛这些品牌的发展是很好的例子。从实际销售的情况看，王老吉在中国正突破地区文化的限制，由南而北获得越来越多消费者的认可。我们有理由相信，王老吉单个品牌未来的发展空间还非常大。

读者问题二：哪些产品适合开展品牌经营

问：专家您好！我们公司正在做一种新产品，并想将它做成一个品牌。该产品虽然有市场潜力，但是我们公司的人都没有关于这个产品本身的经验，可以说是从零开始。因此我想了解，对于做一个品牌来说它有哪些先决条件，是所有产品都适合品牌经营吗？如果不是，进行品牌经营的企业在公司本身、人员、市场上要满足哪些要求？

答：你们的想法是对的，应该把新产品打造成品牌。所有产品，无论是消费品还是工业品，不仅都适合品牌经营，而且事实上也应该这么做。企业的目的是创造顾客，而品牌正是创造顾客的工具。所谓品牌，即在预期顾客的心智中占据一个有利位置（定位），这样在顾客产生相关产品需求时会赢得优先选择，比如顾客想到喝凉茶时会首先想到王老吉。如果企业仅停留在产品经营层面，而未能走上品牌经营之路，是很容易被竞争淘汰的。在竞争初期，当市场需求量大或竞争对手相对较少时，企业没有品牌也能生存，甚至发展得不错。但是，随着市场的发展，一旦竞争对手在顾客心目中树立了品牌，那些没有在顾客心目中占据一席之地的企业就会被顾客排除出选择之列，惨遭淘汰。所以企业要持续经营的话，必须开展品牌经营。

企业要打造品牌，除了要找到独特定位之外，企业本身也需要满足一些条件。实际上，企业的资源能力决定了企业能够抢占何种性质的定位。如果企业的资金、人才储备等各项资源都充沛，那么就有条件针对市场领导者确立相反的定位，和领导者对着干，正如百事可乐针对可口可乐那样。如果你们的新产品开创了一个新的产品品类，那么从零开始是好事，你们的品牌有机会成为新品类的领导品牌。但是新品类的开创者必须防范竞争，要快速抢占全国市场，抢在竞争对手复制和跟进之前在顾客心智中确立位置，所以对企业的各项资源要求比较高，否则就会沦为为竞争对手作嫁衣。如果企业的资源有限，那么就只能找一块小到足以守得住的细分市场，做游击队了。

读者问题三：怎样做大一个新创品牌

问：你好！文章写得很让人兴奋啊。我目前正在管理一个刚刚起步的保健品品牌。想问一下，要把这个不为人知的品牌做大做强，应该从哪里着手呢？第一步是什么啊？

答：新品牌的起步阶段最为关键，决定了品牌今后是否有大的发展。打造品牌的第一步是要明确品牌的定位，因为定位是顾客购买品牌的理由，有了定位才能赢得顾客。那么如何为新品牌确立定位呢？定位最关键的一步，是确立竞争对手。确立竞争对手有两种情况。

第一种情况，你的新品牌产品若是一个既有品类，且存在较强的竞争对手，那么你的定位就应该针对品类的领导品牌确立，即在领导品牌强势的反面确立定位。比如，血尔补血口服液进入市场时，红桃K是该品类的领导者，血尔补血口服液就针对红桃K确立定位。红桃K在其顾客心智中的强势是"补血快"，血尔则反其道而行，把自己定位为"补血持久"，并把红桃K的强势重新定位为"来得快去得也快"，如今血尔已超过红桃K。你也可以在既有品类中开创一个细分品类，让新品牌成为这个细分品类的领导品牌。比如农夫山泉在饮用水品类中细分出"天然水"品类，从而避开了娃哈哈、乐百氏等纯净水强势品牌。

第二种情况，你的新品牌产品若是一个全新的产品品类，那么你的竞争对手会是满足同样需求或相似需求的其他产品品类，比如汽车品类诞生时其竞争对手是马车，而凉茶品类的竞争对手就是汽水。在界定了品类竞争对手后，就需要对自己的品类针对竞争品类进行定位，比如王老吉针对汽水"口感清凉"的强势，把凉茶定位为"预防上火的饮料"，重新定位汽水是表面清凉。

新品牌明确定位后，企业的各项活动就应该围绕定位进行整合，资源往定位上集聚，特别是公关、广告要鲜明传递定位，把定位植入预期顾客的心智以赢得他们的选择。企业只要确保品牌不偏离定位，并定期检查各项运营活动是否符合定位的要求，删除多余的动作，补足不到位的地方，打造强势品牌就指日可待。

读者问题四：怎样让一个国外品牌快速打开国内市场

问：我现在从事某个国外品牌产品的销售，产品质量非常好，在国外获得多项认证，在国外销量也相当好，但目前国内真正认识了解此品牌的人很少，虽然所有见过该品牌产品的人都对该产品的外形及质量等赞不绝口，但均接受不了此价格。我认为并不是因为价格太高，而是品牌在国内的影响力度不够。请教专家，如何在国内提升这个国外畅销产品的品牌形象呢？

答：国外品牌刚进入中国，很容易遇到一下子打不开局面的情况，主要原因是未能对品牌进行恰当定位。顾客对这一品牌缺乏安全感，对于一个陌生的国外品牌，中国的消费者往往会心存顾虑，担心产品质量是否好，价格是否合理。正因为如此，国内顾客会认为你们销售的国外品牌价格太高。定位就是要化解顾客的这种不安全感，同时给他们一个购买品牌的充分理由。

那么该如何为这个国外品牌定位呢？"畅销国外"就是一个可以优先考虑的出发点。消费者倾向于买其他人所买的，他们会认为既然有那么多人在买，说明这个品牌是值得信赖的。品牌在国外的畅销，就有助于化解国内消费者对它的不信任。他们会认为，既然它已经在国外赢得了消费者的普遍认可，那说明产品品质应该是可靠的，产品价格也应该是合理的。不仅如此，由于有的消费者认为国外消费领先国内消费，所以"畅销国外"的品牌对于这部分国内消费者而言代表了最新潮流，具有很大的打动力。这样一来，国内消费者就有充分的理由和信心去信任和接纳这个国外品牌了。红牛就是一个很好的例子，作为能量饮料的第一品牌，红牛在国外畅销后进入中国就很顺利。

在具体操作上，应该首先把资源集中在那些最有可能成为品牌顾客且具有号召力的人身上，确保品牌在国内能较快培养出第一批顾客，带动其他顾客群的消费。在品牌的宣传方式上，可以考虑采用公关方式向目标顾客群清晰传递品牌的定位，不仅更具可信度，而且更经济。

读者问题五：品牌形象和文化塑造真的无效吗

问：您好！这篇文章讲得非常好！不过我对其中提出的"不要依赖品牌形象和文化塑造"这一点有些疑问。品牌形象的塑造，确实有依靠顾客自然形成的，许多老品牌往往是如此，顾客形成品牌形象，而后其品牌传播则是提炼精髓持续传播，不过，也有不少品牌是依靠自身塑造而形成的，此类品牌往往是先寻找一个既定的目标群体，针对其品位，结合产品利益，并运用传播手段塑造品牌形象，左岸咖啡便是典型的代表。至于品牌文化，之前品牌定位的企图心显然也对它有重要影响！对这个问题，不知专家有何意见？

答：品牌形象和文化塑造只有在一种情况下有效，那就是品牌已经蕴涵一个可行的定位。在缺乏可行定位的情况下，无论品牌形象和文化塑造得多好，都只会徒劳无功。正因为如此，通过品牌形象和文化塑造成功打造强势品牌就具有偶然性，其成功率自然非常低。所以，有些品牌表面上因品牌形象和文化塑造而成功，实际上起决定性作用的还是品牌的定位。我国台湾地区的左岸咖啡馆恰恰是一个这样的典型例子。

左岸咖啡馆瞄准了顾客心智中没有被竞争对手占据的定位——"高档即饮咖啡"，并且围绕这个定位形成了一系列的配称，进而成功抢占了这个定位。这才是它成功的真正秘诀。首先，它售价最高。据了解，当时我国台湾地区的纸包装咖啡售价10～15元新台币，罐装咖啡售价20元新台币，而左岸咖啡馆则售价25元新台币。其次，它采用冷藏塑胶杯包装，使自己同纸包装和罐装咖啡鲜明区别开来，便于顾客识别和选择，同时告诉他们好咖啡是需要冷藏并即时饮用的。它的广告费尽心思去塑造所谓"左岸是一种情绪、一种感觉……"，其实存在很多不必要的多余动作，真正有效的部分是塑造了一个"法国品牌"的形象（事后调查表明，很多顾客相信这个品牌来自法国）。"法国品牌"的形象很好地支持了左岸咖啡馆的"高档即饮咖啡"定位。

需要注意的是，通过品牌形象和文化塑造而占据的定位并不稳固，品牌存在重大漏洞。左岸咖啡馆将自己塑造成"法国品牌"形象，并非真正的法国品牌，这就为竞争对手留下了可乘之机。如果有一个真正的法国品牌（或者来自欧洲其他国家的品牌）登陆我国台湾地区，推出高档咖啡（甚至价格比左岸咖啡馆略贵），只需向潜在顾客诉求自己是正宗法国品牌而左岸咖啡馆只是个假冒的法国品牌，就足以让那些一直蒙在鼓里的顾客转投自己的怀抱，进而接手左岸咖啡馆辛苦开拓的市场。

读者问题六：企业文化怎样影响品牌塑造

问：看了这篇文章，很受启发。不过任何品牌的塑造都离不开人，离不开企业的努力。因此，我希望了解，企业要打造知名品牌，企业本身的文化能起到什么作用？王老吉公司内部的管理制度是怎样的，形成的企业文化又是怎样，这个文化是怎样影响其品牌塑造活动的？

答：企业文化与品牌打造之间的关系可以从两个层面来描述。第一个层面，是所有企业的共性层面，即企业文化必须满足一些基本要求才有打造品牌的基础。打造品牌自有一套规律，往往在观念上与企业既有的一些观念不一致，打造品牌也就需要根据新的战略定位对企业内部进行较大重整，打造品牌也需要企业员工高效执行，这些都对企业文化提出了基本要求。比如，企业必须有绩效精神，以让企业获得经济成果，让员工工作有绩效并获得成就感；企业必须有主动变革的精神，要有接纳变化和先进理念的开放心态。

第二个层面，则是针对特定企业的个性层面，即企业打造的品牌占据某个定位，该定位会向企业贡献独特的企业文化。实际上，定位和企业文化是互为促进的。一方面，定位让企业发展出独特使命和价值观，为企业提出愿景；另一方面，因定位发展出的独特使命和价值观规范和激励了员工的行为，进而不断支持和强化定位。比如，沃尔沃轿车通过定位在"安全"上成功打造了品牌，制造安全的轿车自然成了企业和员工的使命，而"为了生命"（for life）则成了他们价值观的重要组成部分。这样，沃尔沃的员工非常清晰自己的使命和要追求的成果，全力以赴不断制造出更"安全"的轿车，从而不断强化品牌在顾客心智中的"安全"定位，员工也从工作中获得了很强的成就感。

对于王老吉来说，它的定位是代表了"凉茶"，它要在中国乃至世界普及凉茶。所以在王老吉的企业文化中，一个重要的组成部分就是要弘扬中国饮食保健文化，企业的愿景就是要打造中国的可口可乐。品牌就是一面旗帜，一方面让企业在外部创造顾客，另一方面为企业内部吸引人才。认同王老吉企业文化并且被其宏伟愿景吸引的人，就会向王老吉集聚，从而进一步加强企业文化，也进一步推动王老吉品牌在外部的打造。

读者问题七：怎样处理好同一品类里竞争与合作的关系

问：所有在同一品类下的竞争品牌都是盟友，都站在同一阵营，共同抢夺着消费者对其他品类的关注。这一点很重要，道理也很简单，但很少有企业能做到，因为在短期内，企业还是要同直接竞争对手争抢市场份额，才能维持生存。我目前所在的行业就是这样，这是一个新兴的小市场。企业都知道要把这个市场做大了才好，但恶性争抢客户、低价竞争仍然泛滥。因为不这样做企业的生存都有问题。请问专家如何才能处理好两者之间的关系？

答：你提的问题非常好。同一品类下的各个竞争品牌之间必然要争夺顾客，而且也应该这么做，问题的关键在于采用何种竞争方式。实际上，只要各品牌采用了正确的竞争方式，那就是最好的合作，会对品类的发展壮大提供最大的推动力。那什么是正确的竞争方式呢？就是在顾客心智中各自占据差异化定位。各品牌只有在顾客心智中占据不同的定位，才能各自打造出强势品牌，各自依靠不同的定位创造属于自己的顾客，而品类有了多个强势品牌才能真正壮大。比如在豪华车品类，奔驰定位在"尊贵"上，宝马定位在"驾驶"上，沃尔沃定位在"安全"上，这些品牌通过不同的定位为顾客提供了多种价值满足，吸引更多顾客购买豪华车，做大了整个豪华车品类。

各品牌除了"各就各位"展开有序竞争，也要联合起来为品类的发展创造有利的大环境。王老吉和其他凉茶品牌就展开了积极合作，比如推动凉茶入选"国家级非物质文化遗产"，确立了凉茶的合法性和可信度，又比如游说政府把广州塑造为"凉茶之城"，为各凉茶品牌在顾客心智中树立品牌提供区域支持。通过这样的合作，整个凉茶品类就有了很好的发展基础，也更有利于各凉茶品牌的打造。

从你描述的情况来看，由于很多企业采取了错误的竞争方式，你们企业所处的品类正面临巨大的危机。对于一个新兴的小市场，如果大家都陷入恶性争抢客户和低价竞争，那么很可能整个品类永远做不大，甚至面临出局的风险。恶性竞争会造成品类的混乱，让顾客产生困惑，对整个品类的产品缺乏安全感和信任，从而阻碍了更多顾客选择产品，限制了品类的发展。采取恶性竞争的企业也难以打造品牌，企业的努力无法持续积累，而且低价带来的低利润使得企业丧失了投资未来的能力，导致整个品类的产品无法适时改进，难免会被顾客淘汰。

你们的企业应该率先跳出这种错误的竞争模式，回归到正确的方法上，即通过定位打造品牌。只要坚持这么做，就能慢慢赢得顾客的信任和优先选择，逐渐获得领先优势。你们的示范也会吸引其他竞争品牌回归到正确的竞争方式上，改善整个品类的发展。

读者问题八：怎样应对竞争品牌的攻势

问：王老吉的案例让人很受触动。我们是做美发小工具的公司，产品属于专业产品，市场容量有限。经过公司多年的运作，在行业中公司产品品牌知名度（分销商层面）和销量一直处于领先地位。但近来产品的价格透明度提高，分销商利润降低。同时其他竞争品牌产品通过我们建立的渠道强势进入，对我们造成了一定的冲击，部分分销商已经开始放弃我们的产品，或者同时经营其他品牌产品。对此我感到压力很大。因为目前在这个行业中，终端消费者还没有形成品牌消费意识，只认购分销商力推的产品，而分销商现在多选择没有名气、同地区中其他同行不经营的产品来做，因为这样可以获得更多的利润。对此，我们应该采取什么样的措施来应对，并有效地打击对手呢？

答：你们所处的被动局面，根本原因在于未能在终端消费者心智中打造品牌。只要在终端消费者心智中打造了品牌，让他们认可你的品牌，那么就掌握了主动权，分销商将不得不销售你的产品。比如，诺基亚是手机领导品牌并因此掌控了顾客（因为顾客青睐领导品牌），即便它给销售渠道的利润空间是业内较低的，分销商们也不得不卖它。英特尔公司则做得更高明，芯片只是电脑的一个配件而已，英特尔却直接越过电脑整机生产商在终端消费者心智中打造了强势品牌，让顾客认可英特尔的芯片，如今反客为主控制了整个电脑硬件业。

在终端消费者心智中打造品牌，也意味着他们愿意为你的品牌付出高一点的价格，这样留给渠道的利润空间就更大了。这就引出了另外一个问题。导致你们目前处境的另一个原因，可能是你们对整个价值链的设计不够合理。你们需要询问自己几个问题，同一地区的分销商数量是否太多而导致经销我们的产品获得的利润太少？我们的价格维护力度是否足够，有没有出现部分分销商杀价而导致集体降价，最终分销商获利甚少？企业必须管理好从厂家到终端消费者的整条价值链，为每一个环节设计合理的利润。

你们可以从两方面着手解决面临的问题。一方面，要在终端消费者心智中打造品牌。消费者的品牌意识不会自发形成，需要企业主动去培育。你们公司既然已经经营多年，在分销商层面建立了知名度并获得了领先的销量，就有了较好的基础。你们可以通过各种推广方式，向使用过你们产品的老用户和潜在用户传递"行业领先"的信息，逐步确立领导品牌地位，获取顾客的信任和优先选择，产品售价也可以因此高一些。在终端消费者心智中确立了领导品牌地位后，你们就要做领导品牌该做的事情——不断推出新一代产品更新自己。如此一来，竞争对手就永远跟不上你们的步伐，你们就可以在终端消费者层面有效地把竞争对手阻挡在外。另一方面，要改善你们的价值链管理，合理设置分销商，维护好终端价格的一致和稳定，保障分销商获得合理的利润，提高它们的满意度和对你们品牌的忠诚度。

POSITIONING

第 9 章

品牌定位与企业战略的三重关系

正确的增长之道在于深化既有的战略定位，而不是拓宽定位或采取折中行为。

商业中的"定位"概念，1969年由杰克·特劳特第一次在商业实战中提出，是指企业必须在外部市场竞争中界定能被顾客心智接受的定位，回过头来引领内部运营，才能使企业产生的成果（产品和服务）被顾客接受进而转化为业绩。学术界，菲利普·科特勒于20世纪70年代最先将定位引入营销之中，作为4P之前最重要的另一个P，以引领企业营销活动的方向；随着竞争的日益兴起，1980年，迈克尔·波特将定位引入企业战略中，作为战略的核心，开创了竞争战略。

波特最著名的论战略落定之作《什么是战略》，刊登于《哈佛商业评论》1996年11～12月刊，是迈克尔·波特在《竞争战略》《竞争优势》《国家竞争优势》三部曲之后，对"战略"的总结性论作。论文的核心观点指出，运营效益和战略是企业取得卓越绩效的两个关键因素，人们未能分清两者的区别，致使竞争力和利润不彰；**真正的战略，应以竞争性定位为核心，对运营活动进行取舍，建立独特的配称**。该论点破除了管理界多年来对战略的认识误区，成为波特最近10年来的学术主题，不断被引入企业界和政府的实践活动中，协助美国、加拿大、日本、印度、瑞典、瑞士、新西兰、西班牙等多个国家及其企业提升了商业竞争力。

立足于实践，特劳特进一步指出，为创造顾客和争取市场，企业必须以品牌进入顾客心智并和对手展开竞争，品牌是商业竞争的基本单位。企业实际经营要做的，是根据外部竞争环境确立行得通的定位，然后围绕品牌打造规划内部的运营战略，最终实现以成功品牌赢得生意和打败对手。于是定位首先表现为品牌定位，一旦企业在市场确定了能被顾客优先选择的品牌定位，它应立即被引入企业内部，从而成为企业一致的经营方向，成为企业战略的核心。要打造的品牌定位，决定企业的组织结构、产品规划、运营设计并引导企业进行内外的沟通。

下面结合特劳特公司在中国的三个品牌实践案例，阐述品牌定位与企业战略的关系。

战略是为了创建价值独特的定位

"战略就是形成一套独具的运营活动，去创建一个价值独特的定位。"迈克尔·波特强调，应将外部市场定位引入为企业战略的核心，并以建立这一定位为战略目的。通过香飘飘案例，可以很好地理解此种关系。

香飘飘2004年在中国市场率先推出杯装奶茶，由于很好地满足了消费者的便利热饮需求，不到5年，仅以华东市场为主，就成长至年销售额7亿元的规模。与此同时，华南市场为主的优乐美，快速崛起，走向全国，年销售额也迅速增长到5亿元规模。此外，香约以低价切入，立顿从高端袭击，还有各地的区域品牌陆续出现。杯装奶茶品类蔚然形成，竞争也从无到有，很快激烈起来。

新的形势对香飘飘来说既是极大的机会，也是极大的挑战。一方面，新品类得到竞争的推动，持续成长，有可能发展为主流、稳定的大品类，而香飘飘作为品类领先品牌，也有可能得到很好的发展。另一方面，香飘飘是一个较小的企业，它所面临的竞争确实过于强大了，稍有不慎，即可能落后，自己开创的品类市场为他人所接手和主导。优乐美的背后是休闲食品领先企业喜之郎，立顿隶属于国际巨头联合利华，就连香约都有本土更老牌企业大好大在支持。

就当时的局面而言，香飘飘虽然在众多品牌中领先，但其领先地位源自几个局部市场，并未在全国普遍地建立起领导地位。更重要的是，香飘飘的领先地位，停留于市场层面，还没有借助明确定位扎根于顾客心智，未能将市场优势转化为心智优势并成为各地市场的一致首选。这给了竞争者特别是优乐美以机会。优乐美趁香飘飘未在全国消费者心智扎根之际，借助喜之郎企业的渠道、运营和资源优势，在营销上大幅投入（2008年3倍于香飘飘），立意在香飘飘市场遍及全国之前，一举超越。

香飘飘企业经营的重点，很快从最初的提高效率以满足需求，转移到如何在竞争中保持优势。香飘飘必须在强势竞争面前，明确自己品牌的差异化优势所在，以建立起消费者认知和赢得优先选择，这就是品牌定位。

毫无疑问，企业之所以存在和发展，有赖于业务的建立和增长。如果说企业一开始可以通过创新去开发新需求来获取业务的话，随着竞争的兴起，就需要和对手争夺顾客以维持和拓展业务。而**赢得顾客的关键，是为品牌在顾客心智中建立起独具优势的定位，使顾客在产生相关需求时能够优先选择自己**。这种优势，首先发生在品牌比较层面，是一种心智认知优势。

香飘飘不能从企业运营和产品特点层面去寻找竞争优势，因为诚如波特所言，这种运营效益方面的优势，很容易被跟进和模仿，难以持续。香飘飘要寻找的是顾客对品牌的认知优势，主要体现在市场表现和品牌身份层面，这样的优势意味着顾客对品牌可能形成的看法和认定，而心智观念不容易改变。特别是源自顾客观念方面的认知优势，能支持品牌的市场表现变得更好，增强其身份和地位，这又将反过来加强品牌的认知优势，使之得以持续和强化。

很显然，从香飘飘的市场表现和品牌身份方面看，它与所有竞争者不同的地方在于，香飘飘是第一个在中国市场推出杯装奶茶的品牌，而且一直保持着全国销量第一的地位。换言之，香飘飘是"杯装奶茶的开创者与领导者"，这是它与其他品牌的差异所在，而人们的心智普遍会对品类开创者抱有好感，并青睐领导者，这是一种有效的认知优势。

也就是说，香飘飘可以利用自己开创品类的身份和暂时取得的市场领先地位，在顾客心智中明确建立起全国"杯装奶茶的开创者与领导者"的定位，从而凸显优乐美等其他对手为跟随品牌，获得消费者对自己的优先选择，压制住竞争跟进。这种顾客优选的心智力量，会在全国市场发生作用，支持香飘飘更好地拓展业务，夯实品类领导地位。

这种定位认知优势，还可以从多方位转化为实际的经营优势，极大地弥补香飘飘企业的运营、资源劣势，以对抗优乐美和其他竞争者：第一，顾客会认为开创者与领导者的产品更正宗更好，消费体验倾向正面，由此极大地降低了企业营销难度；第二，顾客愿意为这种品牌身份支付更高价格，品牌因此获得产品溢价，支持企业有更多投入用于产品创新和运营改善，促进良性成长；第三，作为开创者与领导品牌，它有影响力去建立行业标准，及时跟进或封杀竞争者的种种创新，主导行业往有利于自己的方向发展；第四，开创并保持领导地位的品牌，容易吸引到最优秀供应商、经销商的合作与支持，也最容易吸引到优秀人才，从而建立更有优势的产业链资源。

一旦确定在竞争中的品牌定位是"杯装奶茶的开创者与领导者"，香飘飘就致力于在消费者心智中建立这一认知，以此获得消费者的优先选择。这时候，涉及企业战略，需围绕品牌打造做出内部经营的取舍，形成新的运营配称以及持续优化。

为了全力建立"杯装奶茶的开创者与领导者"的定位，香飘飘首先对业务进行了收缩，不仅暂停了年糕、奶茶店等业务，利润很好的房地产也有计划地退出，而且在奶茶里边也放弃了瓶装、袋泡、粉包等产品，集中做杯装。在业务聚焦确保资源的基础上，香飘飘加强了营销和传播，特别是全国市场的广告，以支持定位进入顾客心智。而且香飘飘努力在两方面保持领先，以引领品类和加强领导地位。一方面是产品的不断创新和进化，力求以更好的口味和健康品质，引领品类拓展；另一方面是多渠道和消费场合的开发，以开创更多消费，做大品类和品牌。此外，香飘飘还加强了全国生产的布局，以配合全国定位的建立和推进。

战略执行下来，品牌的打造非常成功，香飘飘不仅连续多年保持着全国销量第一，更重要的是，它逐步在杯装奶茶这个新兴品类，成为顾客公认的首选，影响遍及全国。相比之下，优乐美、立顿和香约等品牌，明确被认知为跟随品牌，在市场上也相应地居于弱势。

品牌定位决定顾客选择和业务发展，企业战略服务于定位的建立和品牌打造，香飘飘成功演绎了以弱胜强的商战，持续并加强了对自己所开创品类的主导。

围绕差异化定位建立战略配称

依波特所言："定位选择不仅决定企业将开展哪些运营活动、如何配置各项活动，而且还决定了各项活动之间如何关联。"这阐述了定位与战略的第二重关系，东阿阿胶案例对此很好地做出了诠释。

东阿阿胶第一波的成功，与其最初的品牌定位选择有很大关系。阿胶是一个传统的品类，不少的中药企业，都推出过自己的阿胶产品，东阿阿胶是其中之一。面对全国市场众多的同类产品，品牌可以建立起何种认知优势以区别于对手？东阿阿胶借助李时珍《本草纲目》对阿胶的介绍，"阿胶出东阿，故名阿胶"，明确自己应该在顾客心智中去建立"正宗"定位，以获取品牌认知优势。这一定位，促使东阿阿胶施行了品牌强化与收割战略，让自己成长为品类的绝对领导者。

在这一发展阶段，东阿阿胶的各项运营活动，围绕着在阿胶品类建立"正宗"的品牌定位而展开，形成了高效的战略配称。

企业首先在生产和产业链上进行了升级和加强管理，以确保产品的正宗品质。一方面是生产设备的现代化与生产过程的严格管理，以及产品鉴定技术的完善，另一方面是对上游原料资源的开发和控制，达到了对驴皮市场90%货源的监控。相应地，东阿阿胶在营销中强调品牌的产地优势，和当地水质对产品质量的影响，并为此建立了中国阿胶博物馆，突出东阿阿胶对传统的秉承。

在确保产品正宗品质和营销品牌正宗地位的基础上，东阿阿胶的业务拓展，主要放在已有需求的争夺上，以正宗地位压制其他品牌，占领市场。主要表现在三个方面：一是主要在传统消费区域加强发力，二是跟进其他品牌深入下线市场，三是尽可能低价以进逼和封锁对手。其结果是，东阿阿胶带着品牌优势，陆续进入各成熟市场，逼迫弱势品牌让出销量和不断进行市场创新，随之自己再跟进。东阿阿胶迅速成长为品类领导品牌，企业获得高速成长。

随着东阿阿胶品牌的崛起，以及其对竞争的主导，阿胶品类局势逐渐出现新的变化。由于东阿阿胶侧重于既有占领市场，尤其是采取低价压制策略，使得整个品类消费对新人群开发不够，并不断地走向低端。突出表现是顾客群日益走向老龄化、农村化、低收入化，年轻人、城市人群和高收入人群则在远离阿胶品类消费，更多地选择人参、冬虫夏草等滋补品和维生素、蛋白质等保健品。而这些人群恰恰是社会的高势能人群，他们的意识和消费行为对其他人群有号召力，代表未来趋势。

同时发生的情况，是由于整个行业趋向低价，使得品类产品水准日趋降低，以次充好事件频发，顾客消费信心和欲望减低。更严重的是，因为低价和行业利润欠丰，上游收购驴皮价格提升不够，影响农户养驴积极性，并直接导致部分驴皮伴随驴肉流向餐饮行业，品类原料供应面临紧缺。

品类消费远离高势能人群，品类产品品质下降，产业链出现持续发展瓶颈，阿胶品类显现出边缘化迹象，意味着企业可能失去未来。从资本市场看，东阿阿胶自1999年起，连续入选金融评估机构公布的"中国最具发展潜力上市公司50强"，但公司2000年市值为33亿元，随后进入下降通道，至2005年市值为22亿元。

2006年，东阿阿胶管理层更新，为确立新的多年战略规划，对企业战略进行了全面梳理。一个最重要的转变，是将竞争从指向品类内部，明确转往指向品类外部，以求作为领导品牌，通过发展品类来赢取成长空间。这启动了东阿阿胶下一波的高速发展。

新的品牌定位，是将东阿阿胶打造成"滋补上品"，以此开创滋补保健消费，引领阿胶品类步向更为主流的滋补品市场，获取新的增长空间。事实上，在传统滋补品市场，人参、鹿茸、冬虫夏草一直备受青睐，但顾客选择却有一个巨大障碍，影响了购买和消费，那就是等级问题。对顾客来说，无论自己服用或是送礼，都面临着产品甄别和判断困难，无法确认不同品牌间、不同标准下各等级产品的比较。阿胶行业很好地解决了这一问题，各品牌几乎都主推一个产品，阿胶的等级通过品牌体现，很好地解决了顾客的信任和选择问题。比如对顾客来说，东阿阿胶就处于阿胶的最高等级，一些知名品牌居次，其他不知名品牌等级更低。在这种情况下，如果阿胶品类能成功走向滋补品市场，有可能会超越人参、冬虫夏草等品类，成为更广普的大众滋补消费选择。

从顾客认知上看，这一定位也具备建立的良好基础。大众对阿胶一贯有滋补的传统认知，而且在中国最早的医书巨著《神农本草经》中，更被列为上品。与之相比，人参也列上品，但鹿茸位居中品，冬虫夏草未入列。结合之前所述《本草纲目》对阿胶的介绍和认可，东阿阿胶品牌"滋补上品"的定位确认可行。

重新确立定位后，企业的战略配称也随之重整，运营活动围绕新的定位重新配置和展开。东阿阿胶的营销不再是压制品类内对手，而是主要代言和营销品类，去开创新的滋补保健消费。品牌着重中心城市市场的开发，针对相对年轻人群和高收入人群展开推广，大力拓展参茸渠道，尝试加强礼品消费引导。整合起来，不仅东阿阿胶品牌日益形成了"滋补上品"的运营配称，也带动其他阿胶品牌走向了新的营销。

尤为重要的是，东阿阿胶执行了持续提价的战略，拉开了和其他品牌的价格差距，缓解了品类竞争压力，为跟随品牌拓展了生存与发展空间，有效壮大了品类阵营。相应地，无论东阿阿胶或其他品牌，均更有资源用于产品品质的改善提升，并提高了驴皮采购价格，有助于缓解原料供应紧张的局面，使产业链得以向健康化好转。

在品类基础建设上，东阿阿胶一方面创新了驴皮真伪鉴定技术，并尝试养驴产业的推广（从育种、养殖到宰杀、肉食供应和营销），另一方面致力于区域心智资源的培育，以发扬和强化山东出阿胶的声誉。这些都对阿胶品类的健康成长，以及主流广普人群对品类的接受，起到积极推进的作用。

新战略的实施，使得品牌"滋补上品"的定位日渐建立，东阿阿胶引领品类不断走向主流，企业的成长空间重新打开。企业处于潜力巨大的行业，品牌居于引领地位，资本市场也再度为之看好。
2010年，东阿阿胶公司的市值达到350多亿元，相比五年前增长了
15倍。

既有定位决定战略发展

"什么样的增长方式能维护并强化战略呢？"波特在《什么是
战略》中倡导："**正确的增长之道在于深化既有的战略定位，而不
是拓宽定位或采取折中行为。**"换言之，定位需要持续创建，而既
有定位决定战略发展。

2004年，芙蓉王在中国卷烟市场异军突起，常德卷烟厂因此以
129亿元人民币业绩，超过营业额120亿元人民币的白沙集团，成为
湖南烟草工业新的领导者，被业界称为"芙蓉王传奇"。此前芙蓉
王一直落后于白沙，白沙曾以"鹤舞白沙，我心飞翔"的广告语名
传全国，企业也经营得如日中天。然而芙蓉王通过战略重整，只用
三年时间就实现了反超。

在芙蓉王案例中，两个核心的定位原则发挥了作用：其一，品
牌必须成为某类产品的代表，成为领域中的首选，以此最佳地创造
顾客；其二，企业的成长要紧紧围绕开发品牌定位而展开，任何资
源配置都要以定位为核心来展开整合以及持续创新，反之则会破坏
既有定位。芙蓉王最初的成功，即有赖于第一条原则的力量，随后
相当长时期落后于白沙，则是由于违背了第二条原则。

芙蓉王品牌诞生于1994年，其最初成功源自上市时就确立了恰

当的竞争品牌定位，这为后来持续创新释放定位威力提供了基础。当时中国市场的高端卷烟以中华、红塔山两大品牌为主导，前者零售价超过30元/包，后者为10元/包左右。芙蓉王以20~30元/包展开侧翼攻击，在中华与红塔山之间建立起了一个品牌定位。原本中华占据最高端，红塔山占据的是高档入门位置，但由于红塔山未能持续创新，随着国人消费力的提升和对高档入门香烟的要求提高，红塔山并未在产品与价格上与时俱进。红塔山这一战略失误，使得处在中华之下、红塔山之上的芙蓉王，顺利接手了有着中国第一品牌之称的红塔山之定位，成为大众高档香烟的代表性品牌。

但是芙蓉王从"红塔山"手中接手定位后，并没有发挥出应有的巨大潜力，甚至品牌在不知不觉中失去定位力量。主要原因是烟草仍实行专卖制度，制造上则是生产指标配给。一方面，专卖制度导致许多地方采取市场销售限入政策，使得芙蓉王的定位威力并未能渗透到更广大的区域；另一方面，生产指标配给促使企业必须快速发展到一定规模，以期能分配到一个较大的"允许生产箱数"，使得企业将芙蓉王品牌延伸到10元/包的产品线上，以求迅速扩大销量。这样，芙蓉王的高端定位遭到破坏，虽然在短期内快速达至较大销量，但让企业陷入两端不讨好的局面。在低端，芙蓉王与该类产品中已占有强势地位的白沙正面冲突，会注定落败；在高端，芙蓉王又会被低端产品伤害声誉。

很多企业经过几年发展后，都会在多个资源配置上偏离原有定位，需要进行战略定位检查甚至战略重建。这就是"二八原则"所描述的现象，企业80%的绩效来源于20%的运营活动（与独特定位配称），其余80%的运营活动对绩效影响不大（行业通用配称），甚至有反作用（偏离定位）。该现象之所以发生，可类比于物理学的"熵定律"，熵作为物质失序的单位，随着时间推移而增加。所以企业的经营也会涣散，因此要求企业家积极扮演"房间整理人"角色，每隔一两年就根据定位对现时运营重检，以确保围绕定位这个核心而展开。如彼得·德鲁克在为企业家最重要的职能作界定时指出，企业家首先是一个内外信息的联结者，根据外部顾客的独特价值（差异化品牌定位）来重新组织企业内部的资源，从而使企业的有限资源实现价值最大化。

问题是战略重建的方向在哪里。**企业一线人员往往比最高层管理者更清楚企业正确的方向。**英特尔前董事长安迪·格鲁夫曾回忆说："当我在决定公司生死存亡的路上挣扎了相当一段时间而做出艰难决策时，原以为必定会引来企业中低层人员的不理解，岂料，当我郑重其事地宣布放弃存储芯片而改为生产处理芯片时，企业工厂的人员都说，其实我们早就在偷偷这么做。"芙蓉王的情形十分类似。2002年年初，我们在常德卷烟厂的一次全员会议上指出，10元/包的芙蓉王破坏了定位及其潜力，企业应果断舍弃低端芙蓉王而在高端上持续创新，否则企业将透支定位声誉，同时相当于帮了竞争对手的忙。当时全场人员很快响应，一线人员更接近顾客，他们对芙蓉王该重回何种品牌定位最为清楚。

当企业真正认识到定位偏差导致品牌后继乏力后，接下来做了一系列重回定位的整合。其中的两项关键战略整改，更是发挥出了战略调整的威力。一是企业回归芙蓉王高档的定位而持续创新，推出了与时俱进的更高价位产品——蓝盖芙蓉王。由于符合既往的品牌定位声誉，此举获得了市场热烈回应。二是将低端芙蓉王剥离出去，创建一个新的独立品牌——"东方红"，这样就阻止了芙蓉王品牌的向下延伸，确保其定位潜力得到释放。

企业的战略重整得到了竞争对手的"配合"。白沙反其道而行，将品牌从中档延伸至高档芙蓉王领域，耗资数亿元推出白沙金世纪。结果，不但白沙金世纪本身因为进入芙蓉王的决战地点而落败，企业需要为此付出较大的直接经济损失，而且这一战略失误还导致了另外三重竞争劣势：一是白沙金世纪的推出大大刺激了顾客对高档香烟的需求，做大了高档香烟的定位价值，而芙蓉王作为领导者自然收获最大；二是因为白沙金世纪的追随，芙蓉王的领袖地位得以凸现和巩固；三是白沙金世纪的大力推广伤害了白沙的中档定位，使得原有顾客得不到重视。特别是最后一点，侵蚀了白沙定位的根基——中档烟的忠诚顾客。

耗资数亿元的白沙金世纪，其战略危害性质正如10元/包的低档芙蓉王。不同的是，芙蓉王并未对这一失误战略发力，而白沙却对此投入巨大资源努力推动。此消彼长，芙蓉王迅速抓住机会，顺势而上，成功反超了白沙。

POSITIONING

第10章

麦肯锡品牌观的错误及教训[一]

㊀ 本文选编自特劳特公司主编的企业战略高峰论丛《中国企业如何定战略》
(2006.05)。

品牌才是竞争的基本单位，战略规划应以此为起点。

迈克尔·波特指出，运营效益和战略是企业取得卓越绩效的两个关键因素，随着竞争的日益加强，真正的战略应以竞争性定位为核心，才能保障企业的竞争力和利润。杰克·特劳特进一步阐述，企业以品牌进入顾客心智并和对手竞争，品牌是商业竞争的基本单位，企业应先于市场确立品牌定位，然后围绕品牌打造规划战略。

在中国，商业竞争也越来越激烈，企业界对西方的管理观念和知识日趋吸收。典型现象是一些国际管理咨询公司受到推崇，它们的战略方法被广为接受，对业界产生着广泛影响。然而正如特劳特所言，其中许多战略规划，忽略了品牌作为竞争基本单位的先导性，只是将其作为战略执行的营销环节，这最终导致战略实施无法有效创造顾客，战略预期落空。

本文就麦肯锡所做的战略案例做出分析，剖析未能以品牌作为竞争单位的战略错误及其教训，以更新业界认识。

华源危机

2005年9月，多家银行向华源集体"逼债"，并引发多起诉讼，华源集团旗下多家上市公司的股权相继被冻结。华源的巨额负债问题开始浮出水面。据德勤会计师事务所对其清产核资后的报告显示，截至2005年9月20日，华源集团合并财务报表的银行负债高达251.14亿元人民币。国资委很快决定对华源进行重组，最终在2006年2月圈定重组方为华润集团。

华润对华源的重组刚刚拉开序幕，2006年3月华源又被惊曝旗下上市公司华源制药财务做假。先是财政部驻上海专员办撰文，不点名地指出其四年共虚增利润1.57亿元人民币，随后华源制药发布公告，承认"公司结合2005年年度审计进行了自查，发现公司确实存在财务数据失真、会计处理不当、收入不实、虚增利润等问题。如果按照自查结果进行财务数据追溯调整，公司2001年、2002年、2004年的净利润应为负值。"媒体争相关注华源，均问何至于此。

华源事件与美国安然公司的经历有诸多相似。同样先是大步扩张，成为资本市场和媒体热点，然后突曝财务造假丑闻，顷刻间跌落。安然原本是一家天然气管道公司，通过战略骑墙先后进入电力、风力、水力、投资、木材、广告等新业务，2000年宽带业务盛行时又投资了宽带业务，其成功扩张使它成为华尔街的明星。华源则在13年中历经90多起并购，总资产从1.4亿元增至572亿元人民币，成为中国最大的医药集团和最大的纺织集团，在中国同样是风云企业。两者之间，增长之道和问题均很相近。

竞争基本单位的错误假设

这两家公司的相似遭遇，缘于一致的假设——以企业为参与市场竞争的基本单位。这和注重企业内部运营、疏于外部竞争定位的管理咨询思维有关，华源和安然的背后，都是麦肯锡这家顶级的咨询公司在做战略顾问。事实上，两家企业都在战略和运营上相当依赖麦肯锡，但竞争基本单位的错误假设带来了伤害。

首先，最明显的症状是并购频繁，规模急速膨胀。既然视企业为竞争基本单位，企业的规模也就被视为竞争力，更大的规模意味着有更多的资源可参与竞争，使企业倾向于通过并购扩大规模。华源发展史可以说就是一部并购史。第一波，是华源通过收购整合数家各地生产能力过剩的纺织企业，成为中国最大的纺织企业。1995年，华源先后收购了包括常州化纤在内的六七家区域性龙头企业，重组后1996年以"华源股份"和"华源发展"上市。第二波，是1997年收购了浙江凤凰化工股份有限公司，将其总部迁入上海后更名为"华源制药"，以此为平台收购了江苏药业、辽宁本溪三药、安徽朝阳药业、阜新药业、浙江制药科技、上海华凤化工、北京星昊现代医药等一批企业。之后，于2002年和2004年成功收购上海医药集团（40%股份）和北京医药集团（50%股份），开始构筑医药业的巨无霸。

第二个症状，是先有公司战略，后有竞争战略。视企业为竞争基本单位，制定战略必然先考虑企业整体战略，也就是先制定公司战略，企业往往因此制定非常高的目标。华源创立之初的目标是"打造中国华源长江工业走廊"，"贯通纺织产业链"，随后转向了打造"中国农机航母"。1997年并购凤凰化工时，一度提出"要做日化产业航母"，2002~2004年，则着眼于打造"中国医药航母"。定下这些目标之后，企业才考虑如何在各领域竞争，希望在每个领域实现目标。

第三个症状，就是战略骑墙。以企业为单位，自然而然地导致战略骑墙行为。一方面，是对现有企业的战略骑墙所潜藏的陷阱浑然无觉，甚至通过执行的运营效益改善进一步加速破坏。麦肯锡也曾先后为康佳彩电与手机做出运营改善，以及对TCL多事业群的运营做出改善，结果均对其主业造成危害。在实达案例中，当时企业也涉足电脑终端、PC、VCD等多个领域，但咨询公司并没有帮实达对这些进行取舍或妥善处理。另一方面，以企业为竞争单位，只要推出新品类产品或服务，自然而然就导致或加重战略骑墙。如联想作为企业可以制造电脑，当然就可以制造手机，联想品牌自然就骑墙在电脑、手机两个品类上，从而为联想留下巨大的战略隐患。神州数码推出网络产品、软件也是如此。

从华源的案例中，我们可以看到麦肯锡的假设是：企业就是参与市场竞争的主体。然而企业本身并不能置身市场，它是一个运营的组织，它本身并不投入到市场之中。正如彼得·德鲁克在《21世纪的管理挑战》中一针见血地指出："公司是一个法律上的实体。对股东、债权人、员工及税务人员而言，它是真实的存在。然而从经济层面观之，这个实体并不存在。"企业存在的目的是创造顾客，但对于顾客而言，他不可能把某个企业装在头脑中，并依据企业做出购买选择。顾客只关注品牌，依据品牌做出购买产品或服务的选择，决定买这个品牌而不是那个品牌。**所以商业竞争的实质，是企业以品牌在外部市场展开争夺，作为组织的企业只是支持系统。**这样，企业实质上是一个运营的成本中心，而品牌才是创造顾客的利润中心。企业只有打造出能赢得顾客的品牌，才能获得业绩而实现其存在的目的，品牌才是参与竞争的基本单位。

管理咨询公司告诉企业，顾客非常关注企业，这是一厢情愿的想法。事实上，顾客几乎完全不在乎企业（当然有些企业的名称和品牌是一样的，这造成了顾客关注企业的假象），在很多情况下，他们不知道某个品牌原来出自某个企业。比如，买金霸王电池、吉列刀片、海飞丝和潘婷洗发水的顾客，很多都不知道它们是宝洁公司的产品，买长城葡萄酒、福临门食用油、金帝巧克力的顾客，也有很多不知道它们是中粮的品牌。买万宝路香烟，顾客不用弄明白它属于菲利浦-莫里斯公司还是高特利，即便买一个价值几万元的LV箱包，大多数顾客也不知其背后的企业是谁，也没必要知道。

以企业为竞争单位之弊

以企业为竞争的基本单位，将停留于产品经营，难以打造成功品牌和有效赢得顾客，无法获得合理利润。

华源视企业为竞争基本单位，通过并购扩大单位规模，期望以运营协同和规模效应获取竞争优势。如此一来，缺乏战略定位和取舍反而打造不出鲜明的品牌，企业只能在各产品领域改善运营效益，依靠规模和成本优势胜出竞争。同时，品牌创造顾客，代表特定的产品或服务（参阅附文1《专业剖析麦肯锡"中国十大世界级品牌"排榜之误》），属于事业单位层面，强调公司战略而轻竞争战略，得不到有力的战略支持，也无法有效打造品牌。至于战略骑墙，或者企业以一个品牌骑跨多领域，破坏品牌对特定产品或服务的代表性，或者企业多品牌同处笼罩型公司之下，均妨碍了品牌的打造。正如波特在《什么是战略》中所言："都在一个公司内共享而非独立配称，同质化就很难避免。"

华源的规模虽大，但是旗下却没有强势品牌，董事长称华源的最大遗憾即创立11年来未形成有足够市场影响力的品牌，最大失误即品牌战略失误，所以华源的大部分商品（无论是纺织品还是药品）只能取得社会平均利润。领导资产过500亿元企业的董事长，甚至在内部会议上感叹，羡慕江中草珊瑚含片一个品牌能卖6亿元。事实上江中企业最赚钱的品牌还是江中健胃消食片，而非草珊瑚含片。企业要做大竞争单位的规模，但那不是组织规模，而是品牌规模，它代表着市场地位和竞争力。

企业不能实现品牌经营而多头出击，将加速耗散资源和利润。正如华源所做的那样，它由纺织业相继扩展进入医药和机械，并在每个产业内试图打通整个产业链，这需要很大代价。华源进入医药产业，几乎是对医药大产业链条的重组，旗下涵盖了医药制造、生物制药和数字化医疗器械、流通、现代医疗服务等领域。这种"基本通吃"的结果，使华源陷入诸多竞争对手之中，又不能以品牌在各个领域形成竞争优势，只好都陷于低利润边缘。华源旗下数家上市公司的业绩并不理想，华源股份、华源发展、华源制药和上海医药的净资产收益率和每股收益均一路下滑（或持平），2004年跌到历史最低点，与2003年相比，跌幅基本都在50%以上，华源制药的业绩则实际为负。华源的扩张，几乎都依靠举债。

回到品牌经营

华源的问题其实已经非常明显，它应该把重点集中在打造品牌上，以品牌为单位确立定位，并形成运营活动的配称，打造出强势品牌以赢得顾客。即便要展开并购，也不是并购企业，而是要并购品牌。然而麦肯锡并没有解决华源这个最关键的问题。比如在华源收购上海医药集团后，麦肯锡所做的只是改变上海医药集团的母子公司体制，推行事业部制。这样的解决方案对于华源来说显然是治标不治本，无法有效地创造顾客和赢得利润，再完善的企业对于社会亦缺乏价值，它已经失去了存在的目的。

惠普的遭遇同样是一个较典型的例子。2001年麦肯锡主导了惠普和康柏的合并，如今看来是一场灾难，明星CEO卡莉·菲奥瑞娜由此受牵连下台。2004年，惠普的PC业务利润率只有0.9%，而戴尔高达8.8%。麦肯锡给惠普设计的并购道路，正是基于企业是竞争基本单位的假设，以为合并后企业规模大了就能在运营效益层面降低成本，并且通过其他运营效益的改善胜过戴尔。无视品牌作为竞争基本单位，并购加重了惠普的问题。从以品牌为竞争基本单位的角度来看，惠普品牌本来正骑墙在打印机和PC两个品类上，已成为惠普品牌进一步做强的大障碍，因为品牌的实力在于主导某个品类并成为其代表和首选。惠普并购康柏，使得PC比重进一步加大，使品牌进一步弱化。

回到以品牌为竞争基本单位，惠普则只有一条正确路径，那就是拆分保留打印机业务，把PC业务转卖出去。如此一来，惠普的打印机业务将解除骑墙限制而释放定位潜力，它可以同IBM和戴尔合作而不是竞争（戴尔为遏制惠普以打印机业务利润贴补PC，亦以放弃利润的方式借利盟贴牌产品进入打印机业务）。即便惠普并购康柏，也应保留康柏这样一个电脑业难得的强势品牌，并借此机会将惠普的PC业务剥离到康柏品牌之下，然后分拆上市，从而既使惠普的打印机业务与PC业务都能以各自的强势品牌创造顾客，又解除了惠普骑墙危机。最不可取的就是以整体的惠普企业为竞争单位，人为地消灭了真正能创造顾客的康柏品牌，致使危机得以发生。

华源的遭遇提醒中国企业，**品牌才是竞争的基本单位，战略规划应以此为起点**。这就是说，打造品牌才是企业战略的首要任务，企业只有拥有了强势品牌，才能赢得顾客，才能建立长远的竞争优势。相反，把战略关注重点只放在企业内部，无法打造独具竞争定位的品牌，不能有效赢得顾客，企业在对手品牌的挤兑下只能获得非常有限的成果。

附文1

专业剖析麦肯锡"中国十大
世界级品牌"排榜之误

英国《金融时报》发布"中国十大世界级品牌"，排名依次为海尔、联想、中国移动、青岛啤酒、平安保险、中国银行、中央电视台、中国国际航空、华为、搜狐和新浪(并列第十)，榜单出自管理咨询公司麦肯锡调查研究的结果。该榜甫一推出，立刻招致众多质疑，新浪网上的读者调查表明，近70%的受调查者对该结果持不可信态度。

这个榜单旨在进行品牌评估，之所以最终不能得到公众认同，究其主因恰恰源于调查者错误的品牌观。麦肯锡混淆了公司与品牌的概念，使得榜单调查主体不清，却以品牌排行做结论。

关于品牌的确切定义历来多有误解。所谓品牌，是指在顾客心智中占据某个定位的商标名称，在大多数情况下，它是某个商品或服务品类的领导者，因而成了该类产品与服务的代名词。也就是说，一个商标能否构成品牌，必须满足两个条件：一是它占据了可能购买其产品和服务的顾客心智，二是成为某个产品或服务品类的代名词。比如沃尔沃汽车，它因在顾客心智中占据了"安全"定位，成为安全轿车品类的代名词，这才构成真正的品牌。

商业中普遍有公司品牌和产品品牌的说法，其实是一误区，也是导致错把公司当成品牌的主要原因。公司和品牌是两回事，两者有很大差异。首先，公司和品牌面对的主要人群不同。品牌面对顾客，其目的是争得顾客；公司则不一样，公司是拥有和运营这个品牌的组织。只有当公司本身也成为一个"产品"需要面对其主要顾客——员工、股东、政府、投资人时，才可以被当作品牌来看待。但公司品牌永远是次要的层次，并寄生在产品品牌的基础之上，没有强势产品品牌的公司品牌只是空中楼阁。如华源品牌尽管在业界曾是个响当当的品牌，但却毫无抗风险能力，更别提竞争力了。因为竞争不是发生在公司的层面上，而是发生在产品或服务所代表的产业之中。这正是其中关键的差别。

其次，公司和品牌与产品的关联度不同。品牌是与某种特定产品或服务紧密联系在一起的，是顾客用来记忆、储存与识别该类产品或服务的符号，而公司则不必局限在某种特定产品上。所以从严格的专业界定而言，并不存在所谓的公司品牌，只是当一个公司为了吸引投资或人才时，我们通常要将公司当作产品或服务来出售时，我们可以效仿产品品牌经营的方式来经营公司。但即使是这样，也仍是以该公司旗下的产品品牌为支撑的。如人们之所以看好宝洁公司，是因为其旗下有一批强大的品牌：海飞丝、飘柔、潘婷等。企业的战略任务不能放在打造好宝洁这个品牌上，而是要放在全力打造好这些产品品牌上。

明晰了公司和品牌的差异之后，就很容易区分榜单中哪些才是品牌。联想、青岛和海尔的情况比较特殊，它们的产品名与企业名是合一的，准确地说，它们既是公司名也是品牌。它们之所以是品牌，是因为它们在顾客心智中，代表了PC、啤酒和高档家电这三种品类，是其中的领导者。如果公司名没有应用在特定产品上，并且没有成为特定产品品类的领导者，那么公司名就不能称为品牌。麦肯锡此次调查选定的30家候选名单中，中粮、一汽、上汽，它们都只能叫公司，并不构成品牌。中粮是公司，不是品牌，它拥有福临门（食用油）、长城（葡萄酒）品牌；一汽是公司，不是品牌，它拥有解放、红旗品牌，而奥迪、捷达、宝来这些品牌并不是它的；上汽是公司，不是品牌，它甚至没有品牌，桑塔纳、帕萨特、别克、凯越、赛欧等品牌都是别人的。

值得警惕的是，这次调查所潜藏的品牌观误导，有可能会将企业导入战略误区。有些中国企业近年竞争力下滑，核心原因之一正是没有区别开公司与品牌的差别。联想作为公司可以制造电脑，自然就可以制造手机，这正是麦肯锡建议联想进入手机业的逻辑。从公司的角度来看，联想手机的推出很合乎逻辑。然而从顾客的心智角度来看，联想之所以成为一个品牌是因为它是电脑的代名词，联想手机的推出与大力推广只会破坏联想作为一个品牌的价值。随着联想手机的不断做大，联想作为一个品牌的竞争力反而会随之下滑，最后将导致联想失去作为品牌的价值，即失去电脑代名词的作用。反映在经营上，则是联想在两个领域中赢利能力的降低。这种现象不只出现在联想身上，麦肯锡在为TCL、康佳等企业提供服务时，都是以此观念为指导原则的，致使这些企业的品牌遭到伤害。反映在症状上，就是创造顾客的能力降低，因而市场份额或利润率下滑。有些中国企业已为此付出了巨大代价，并且还将为此付出代价，其原因就在于这种错误的品牌观。

还是回到榜单。要评判是否构成世界性品牌，最起码要符合前文提到的品牌的定义，也就是必须以潜在顾客为调查对象，并且以是否成为某个特定产品品类的领导者为指标。《金融时报》的读者更多的是商务人士，他们恐怕难以代表真正的顾客，所以这样的调查结果，不能如实反映品牌的实力。另外的5个评估指标，如公司是否值得信赖，是否具有创新力，公司产品/服务是否品质优良，是否运营良好，这些都是关乎企业内部运营管理的指标，对真正的外部顾客而言，他们没有能力也缺乏足够的知识去进行理性评估。对顾客而言，他们的标准只有一个，只要你是品类领导者，就能进入心智，获得优先选择。事实上，商业上的常态是，只有顾客认知而没有客观事实。顾客通常认为，品类领导者的创新力、品质、运营都是好的，也最值得信赖，这就是事实。

麦肯锡用错误的品牌观和不恰当的调查方法得出的"中国十大世界级品牌"排行榜，容易对中国经济产生两个层面的误导。第一个层面，是对上榜企业和其他渴望打造世界级品牌的企业造成品牌观念的误导。对于那些进入榜单的中国企业而言，它们会误以为自己做得很成功，错把公司当成了品牌，结果大量投入搞错了方向，造成了资源的浪费。海尔就潜藏着这样的问题。再次强调一下，品牌是与某种特定产品紧密联系在一起的，这样才能进入顾客心智，而公司则不必局限在某种特定产品上。一旦把公司视为品牌，极易走向产品多样化道路，战略骑墙就会破坏品牌和某种特定产品紧密联系的特性，混淆品牌在顾客心智中的定位，很可能会失去顾客对自己的优先选择。海尔以经营公司的方法经营品牌，所以它的手机和笔记本至今毫无起色，而低端家电产品正在侵蚀品牌作为"高档家电"的定位价值。对于没有上榜的中国企业而言，这样的榜单很可能会造成错误的示范效用。如果中国企业都学海尔，把公司当品牌经营，将在日趋激烈的市场竞争中失去竞争力。

第二个层面，是误导中国企业忽视很多有更大机会打造出中国的世界级品牌的行业。比如，互联网是中国打造世界级品牌的真正沃土，却被错误地低估了。此次互联网公司中虽然有新浪和搜狐上榜，却出乎意料。在新一轮的互联网热潮中，在盛大、百度等新一代网络公司不断崛起的过程中，搜狐和新浪作为门户网站，已经只能代表互联网过去的成功，显然无法代表互联网的现在和未来，它们的入选实在没有代表性。相反，纵然百度的市值已经超过了新浪和搜狐，而阿里巴巴已经成为全球最大的B2B网站，这两家互联网公司居然连候选资格都没有。实际上，阿里巴巴才是中国极少数的世界级品牌之一，它已经是B2B这个业务品类的全球领导者，为中国树立了世界级品牌榜样。

互联网是真正的全球化经济，它超越了国家和政治的界限，互联网的世界也没有发达国家和发展中国家之分，技术、管理、渠道等制约传统行业的种种限制条件，在互联网经济中几乎完全消失，至少是退居到次要地位。为此，中国企业在互联网经济中处于和发达国家同样的起跑线上，拥有同等的机会创建出世界级的强势互联网品牌。除了阿里巴巴，盛大已经在网络游戏中领先，百度在中文搜索中全球领先，如果秉持正确的做法，它们都有望打造成世界级品牌。

此外中国还有一些具有传统优势的行业，其潜力被麦肯锡严重低估了。中国世界强势品牌的最肥沃土壤并非PC、电器、银行、通信、航空、啤酒、保险、石油，而是具有中国传统优势的行业，比如白酒、黄酒、陶瓷、茶叶、丝绸、美食、陈醋与中药。这是因为，中国的这些行业在世界人民心中享有认知上的优势，在专业上，这叫作国家心智资源优势。每个国家在不同领域被认为有专长，形成心智资源优势，这种认知优势是国家打造世界级品牌的巨大支持和动力。美国打造出了PC及飞机行业品牌，日本打造出了汽车及电子产品品牌，德国打造出了高级汽车品牌，意大利打造出了服装品牌，瑞士打造出了手表品牌，这些国家之所以能在这些领域打造出众多世界级品牌，就是源自国家心智资源的动力。所以，企业如果有志于打造世界级品牌，可以考虑把更多的资金、技术和人才投入在白酒、黄酒、陶瓷、茶叶、丝绸、美食、陈醋与中药行业上。遗憾的是，我们看到，这次像茅台、全聚德与王老吉等品牌，麦肯锡甚至没有将其纳入候选名单。

以上种种，如果以错误的品牌观念来指导中国企业，中国很难诞生真正的世界级品牌。

POSITIONING

第11章

如何打造国家和地区品牌

国家与区域的品牌定位在相当程度上决定了企业成就的程度。

在商业中，品牌是面对顾客而言的，打造品牌的目的是争得顾客。通常来说，品牌就是指商品品牌。但同时，作为拥有和运营商品品牌的组织，企业或公司本身也需要面对"顾客"——员工、股东、政府、投资人等，它这时也成为一个"商品"，可以被当作品牌来看待。同样，一个国家、一个地区、一个城市，当它面临吸引旅游者、投资者或区域产品的消费者等课题时，也需要被当作品牌来打造，以打动游客、投资人以及消费者。

要打造国家、地区和城市品牌，其关键处和打造商品品牌一样，那就是定位！清晰、明确和与众不同的定位，将国家或地区嵌入人们的心智，建立起鲜明品牌。

事实上，很多国家和地区都在人们心智中具有定位，吸引了消费者，支持着当地企业在某些行业取得卓越发展。在人们的心目中，某些国家在不同领域享有优势，比如意大利的皮具、法国的葡萄酒、美国的计算机和高科技产品、德国的机械和啤酒等。这些优势就是国家对消费者而言的品牌定位所在，也可称为国家心智资源。**国家与区域的品牌定位在相当程度上决定了企业成就的程度，为此企业在战略规划过程中，也要考虑一个国家或地区的品牌定位与自身的企业战略方向是否相符，判断其是战略动力还是战略阻力。**

如果要创办一家经营高档服装或皮具的企业，那么最好将注册地甚至总部，放到意大利去。当联想购并IBM后，新联想的总部放在了美国，如果放在北京，可能会为新联想日后发展设定人为的瓶颈。因为我们目前还不具备足够强的心智资源优势来支持计算机产业走向世界。

特劳特公司为阿根廷企业Multiscan做战略时，就发现Multiscan公司的激光扫描业务属高科技行业，而当企业发展到一定规模后，阿根廷的国家品牌定位不足以支持其后续发展，反而成为阻力。尤其在全球化时代更是如此，一家来自阿根廷的高科技企业，很难让顾客相信其中的"科技"含量，因此也就很难进入顾客心智。于是我们建议Multiscan公司将公司总部搬到美国，结果这家公司在三年内业务成长了十倍。

宏碁的创始人施振荣先生对一个怪现象曾经百思不得其解，那就是当年宏碁电脑整机在美国出售时出现巨额亏损，而拆散成零配件销售却利润大增。其原因就在于，中国台湾地区作为"IT代工"的区域品牌定位，不足以支持宏碁电脑作为整机品牌进入美国顾客的心智，而零配件恰恰符合中国台湾地区的区域品牌定位认知。这同时还可以解释，为什么宏碁电脑在十多年前打不进美国市场，现在却能打入，因为有三种力量兴起，使得电脑被迅速边缘化了。这三种力量就是软件、信息通信及互联网。正是这三者令电脑硬件由高科技行业沦为不那么高科技的行业，从而使中国台湾地区"IT制造基地"的区域品牌定位得以支持宏碁电脑进入美国顾客的心智。

区域心智资源有相当大的创造空间，它是企业战略设计的要点之一，包含两个方面的实践。一个方面是如上所说，将企业所在地既有的心智资源优势发挥出来；另一个方面，则是为企业所在国家或区域培育出心智资源优势。蒙牛就是第一种实践的最佳例子，它将内蒙古大草原的潜在心智资源优势发挥了出来，为其狂奔提供了源源不断的动力。像山西的醋、云南的烟草、金华火腿、山东阿胶等，都应该向蒙牛学习，将潜藏的区域品牌定位力量开发出来，为打造品牌提供源源不断的力量。

值得指出的是，区域品牌与商品品牌是两个概念，不能混为一谈。金华火腿危机的根本原因就在于将区域品牌与商品品牌混而为一，从而出现一损俱损的局面。解决之道是将两者区分开，企业打造出属于自己的火腿品牌，不要一味强调"金华火腿"这个源自区域品牌的概念。来自金华这个区域品牌，是支持所有商品品牌的成长力量，正如蒙牛来自内蒙古大草原一样，但同时还要有各企业自己不同的商品品牌。山西醋、景德镇陶瓷都存在这方面的问题，政府应该打破商标垄断，让众多的企业各显其能，企业以建设自身品牌为核心，将区域品牌的优势看作培育强势商品品牌的肥沃土壤。这样才能真正形成产业的集群，培育出一大批的强势商品品牌，而强势商品品牌群的崛起，又会反过来强化区域品牌的竞争优势。

关于为企业所在区域创造心智资源优势的实践，最佳例子是日本与中国台湾地区。日本在汽车与电子这两个领域具有全球性的强劲竞争力，并非天生固有，而是后天所创造出来的，中国台湾地区在IT制造方面也是如此。目前，中国有着全球最多的移动通信用户和互联网用户，借助这一比较优势，中国有着非常好的机会在信息通信与互联网产业中创造出国家品牌定位优势。通常而言，这主要属于政府的职责，是通过区域品牌定位形成产业集群的结果，但是企业家在其中也可发挥出很大的能动作用。如阿里巴巴就在中国创造出了全球最大的B2B网络公司，盛大与九城创建了大型在线游戏，几个门户网站开创了海量短信业务，等等。随着这些具有中国特色的创业企业逐渐兴起，中国在这些方面的国家心智资源竞争优势就逐渐形成。

中国还有很多富有活力的地区，也应该清晰定位，打造区域品牌，以强化产业集群优势。比如福建晋江，其在夹克方面已是世界领先，有着像劲霸、七匹狼、柒牌、利郎等一大批成名品牌。如果这些企业能联合起来组成行业协会，共同推动政府把晋江打造成"世界夹克之城"的区域品牌定位，这样对整个行业都有好处，还可以在全球化中为福建的企业提升全球竞争力。又比如，王老吉、黄振龙与邓老等凉茶联合起来，可促动政府将广州打造成一座"凉茶之城"，从而实现产业的共赢。当然一个区域也可以有好几个产业的定位，如瑞士既是钟表王国又是银行王国。目前晋江"品牌之都"的定位不够准确，区域品牌定位必须落实到具体的产业上来。

那么，在面临吸引旅游者和投资者时，国家和地区又该如何打造品牌呢？从理论上看，其定位原理和操作商品的定位完全一样，其区别只是定位的背景不同而已。**定位虽然是要去发现显而易见的东西，但在发现之前，它们从来不是显而易见的。**也就是说，定位既是科学，也是艺术，需要实践者的知识、智慧和经验。下面整理几个由定位大师杰克·特劳特及其伙伴艾·里斯为多个国家和地区所做的定位，供读者参考。

牙买加

牙买加是加勒比海的一个岛国。当爱德华·席嘉（Edward Seaga）取代社会党领袖迈克·曼莱（Micheal Manley）成为牙买加总理后，他宣布要对资本主义的投资采取门户开放政策。于是，石油大王洛克菲勒专门组成了一个由25位美国大公司首脑组成的豪华阵容，专门协助开发牙买加。有意思的是，在做出投资决策前，洛克菲勒推荐聘请特劳特先生为牙买加确立品牌定位。这是对的，任何投资决策，都应该像洛克菲勒一样，先有定位，再做投资。

牙买加当时既要吸引投资又要吸引旅游者，但是分析下来，吸引旅游者是第一要务，因为很多旅游者是大公司的职员，他们若喜欢上牙买加，就能带来投资。

为国家品牌定位同样需要分析竞争对手。牙买加有四大竞争对手：巴哈马、波多黎各、美属维尔京群岛和百慕大。除百慕大外，它们在人们心目中留下的印象，都是海滩上棕榈树下穿着泳衣的俊男美女。百慕大通过多年来的广告，给人们的印象则是粉红色沙滩上停放着摩托车。牙买加需要一幅不同的图画植入顾客心智。

定位的一个方法，就是利用顾客心智中已经存在的强势认知，设法使自己和这个认知联系起来，即所谓借势。牙买加的一幅原有广告说，牙买加是加勒比海上的一个大绿岛，它有着荒凉的沙滩、清凉的山脉、乡村的牧野、开阔的平原、河川、急流、瀑布、池塘、优质饮水、内陆以及丛林。这样的场景，一下子让人想到了太平洋中的夏威夷。也就是说，牙买加具有和夏威夷一样的天然风光。

至此，牙买加品牌的定位脱颖而出——加勒比海上的夏威夷。

通过将牙买加和它的四大竞争对手直接相比较来认知牙买加，还不如"加勒比海上的夏威夷"这个概念更有力。牙买加的最高点比这些竞争对手都要高很多，它的最大岛屿的长度也最长，它有数百英里⊖长的海滩及两条火山山脉，耸立的高峰超过7 000英尺⊜。这些优势，支持了潜在游客对牙买加进行夏威夷联想时产生"有更多风景可看，有更多休闲活动可玩"的特点。

将牙买加定位为"加勒比海上的夏威夷"的最大好处，在于将人们心智中对夏威夷已有的认知，转移到牙买加身上。这样不仅节省了大量的时间和金钱，而且这个国家品牌定位将牙买加和其他加勒比海旅游国家鲜明地区别开来。该定位是要向潜在游客说明，他们长途跋涉到夏威夷寻找的风景，在更近的加勒比海同样能找到。特别是对于欧洲游客而言，牙买加更有吸引力，因为夏威夷要遥远得多。在这个定位下，牙买加甚至可以模仿夏威夷的成功做法，在机场以鲜花迎接旅行者，来表明牙买加是一个友善的地方。

新西兰

20世纪80年代中期，多亏了鳄鱼邓迪和一些非常棒的广告，越来越多的美国人开始对澳大利亚产生浓厚兴趣。这对新西兰来说是个绝佳的机会，新西兰和澳大利亚同处大洋洲，而且相距又是如此

⊖ 1英里=1609.344米。
⊜ 1英里=0.3048米。

之近。

但新西兰人在美国宣传的这几年中，从未对他们的国家品牌给出一个简单而富有竞争力的定位。每有一批新游客来到新西兰，他们都会强调不同的内容，使人们头脑中对新西兰的印象，仅仅停留在南太平洋上一个养着很多羊的地方。新西兰的问题在于，它没有准确地判断自己打的是一场什么性质的仗，错判战争的性质使战略毫无基础可言，收效自然甚微。当新西兰向美国人直接宣传新西兰的好处时，那无异于和占据市场强大领导地位的澳大利亚品牌展开了正面的进攻，而新西兰是不能和澳大利亚相提并论的。

正确的判断是改为侧击，新西兰要借助澳大利亚的热销，从旅客的澳大利亚行程中分走几天才是上策。毕竟，让美国游客分两次飞到那么远的地方，比让他们在一次大洋洲旅行中停留两站要困难得多。如果单飞新西兰的话，要先飞到夏威夷，再向西南方向飞行8个小时左右。

那么有什么理由可以让游客把澳大利亚的行程分几天给新西兰呢？新西兰基本上由两个岛屿组成，北岛很像加利福尼亚的海湾，而且只强不差，高山环翠，羊群成片，勾勒出完美的画卷；南岛很像阿尔卑斯山，大雪覆盖了山峰、峡湾以及湖泊，还有活火山。两者都是绝妙的未被破坏的天然胜地，如果你不把它看成是一个国家的话，那它的品牌定位就是显而易见的——"世界上最美丽的两个岛屿"。新西兰可以向去澳大利亚的游客诉求，到了澳大利亚跟旅行社说一声顺道去新西兰就可以了，那里有世界上最美丽的两个岛屿。

"世界上最美丽的两个岛屿"这一品牌定位令人吃惊，"怎么，新西兰不是一个国家吗？怎么变成了两个岛屿？"新西兰人由于置身其中，国家的观念先入为主，加上对细节了解得太多，以至于从未以这样一种外部而整体的方式审视过他们的国家。但任何人只要沉静思考，就不得不同意这一定位是如此的意料之外而又在情理之中。接下来的考虑是，这一竞争性定位澳大利亚会抗议吗？我们的答案是不会，实际上新西兰并没有正面攻击澳大利亚，它是在无争的新地带分走了来澳大利亚的旅游者的一段旅游时间，而且因为"世界上最美丽的两个岛屿"给澳大利亚之行增加了一个强有力的新景点，还会增加人们对澳大利亚游的兴趣，因此总体市场也扩大了。

事后证明一切如愿。新西兰不仅成功地争取到了游客，而且提升了到澳大利亚旅游的人数。更棒的是，该定位后来不光在美国产生了很好的结果，在欧洲、亚洲都得到了良好的回应。

格林纳达

格林纳达（Grenada）是加勒比海上一个有高山雨林的小火山岛，它的人口只有94 000人，但失业率却高达30%，由于传统经济主要是农业，旅游业变得越来越重要。格林纳达曾经用"盛产香料的小岛"这个定位来推广自己，但收效甚微。原因很简单，没有旅行者会为了看看香料的生长和制作而长途跋涉。这就是问题所在，格林纳达品牌定位不准，它需要一个新的定位以招揽游客。

事实上谈到旅游，加勒比海有很多更大的岛屿。巴哈马、美属维尔京群岛、波多黎各、牙买加等都是格林纳达的竞争对手，而且更受人们欢迎，都是旅游的热门地点。竞争战略的要旨在于将竞争对手的强势重新定位，从而借力打力，因势利导建立起自己的定位。而且，这一定位还必须是对手强势的反面，使其不可能放弃强势因而不能复制与跟进。也就是说，竞争对手的弱势就在它的优势之中。所以格林纳达的竞争战略在于重新定位这些热门的岛屿，正因为其久处热门，所以已被开发过度，从而与人工及污染结缘。格林纳达则默默无闻，所以还没有被发展商开发，它是一个未被破坏的自然公园。格林纳达没有旅游者，没有高层建筑，没有大饭店，这是岛屿现实的情况，也是它区别于加勒比海那些热门岛屿的定位——"加勒比海原貌"。这是一个完全没有受到破坏的小岛，游客可以领略到加勒比地区的原始风貌。

有了特劳特先生这一全新的定位之后，格林纳达围绕定位展开了整合传播。格林纳达说，它没有一座建筑会比棕榈树更高；它的瀑布是天然的而非人造的；它的海滩没有被开发商污染，保持着加勒比海的原貌……所有这一切，都用戏剧化的方式，把它的弱点转化成了强有力的定位。

这个战略非常成功，格林纳达在旅游业方面大为改观，带来了充分的就业。现在所有介绍格林纳达的媒体上，都会诉说同一个令人心动的故事：像一颗饱满的水珠挂在加勒比海南端，格林纳达是一个无人触及、未被破坏的小岛，而它北面临近的岛屿已经永远地改变了……这是20世纪50年代的加勒比海，可能是最后一个原始风貌岛屿，它没有飞机和信用卡，远离城市喧嚣。

比利时

为比利时定位是纯属偶然。最初的目的，是要为莎碧娜比利时世界航空公司（Sabena Belgian World Airlines，简称莎碧娜航空）寻找一个全新的有力定位。这家航空公司虽然获得了从北美飞往比利时这条航线的最大市场份额，但是由于乘客总体人数很少（每50位北美乘客中，只有1位飞往比利时），所以该公司的运营一直不理想。由此可以看出，莎碧娜航空提升业绩的最佳方法，是重新确立定位的主体，即不是为自己定位，而是为比利时定位，从而吸引更多的乘客去比利时。莎碧娜航空必须将比利时变成一个旅客想要来欢度一段时光的地方。

比利时是个美丽的国家，有许多事物吸引着有经验的欧洲游客，比如趣味盎然的城市、历史性的宫殿、博物馆和美术馆。然而，比利时人对其国家是个观光胜地的评价并不高，结果招揽游客的策略是推广布鲁塞尔位置适中，是个"四通八达"的城市，去其他任何地方（比如伦敦、巴黎、罗马）都很方便。显然，这样的策略并没有多大的成效。特劳特先生认为，泛泛的"美丽"说法不足以成为比利时的定位，它难以招揽游客。要将一个国家定位成旅游目的地，就需要能吸引游客并使之至少逗留几天。

国家品牌定位与商品品牌定位的原理一样，首先要确立比利时的竞争对手。答案是显而易见的，在顾客心智中最大的地标是荷兰，因为荷兰有北欧最大的观光胜地——阿姆斯特丹，它占据了顾客心智阶梯的第一级。竞争战略的第二步是要重新定位荷兰，从而利用其强势地位建立起自己的定位，这是竞争战略的核心所在。其实只要思考方式正确，答案往往是那么显而易见——《米其林旅游指南》（*Michelin Guides*）上已经有现成的答案。米其林指南对城市和餐厅都给予评定等级，其中对比利时、荷兰、卢森堡三国的旅游指南上，它列举了6个三星级"值得特别一游"的城市，其中五个都在比利时境内，它们分别是布鲁日（Bruges）、根特（Ghent）、安特卫普（Antwerp）、布鲁塞尔和图尔奈（Tournai）。但真正让人惊讶的是，北欧最大的观光胜地荷兰只有一个三星级城市——阿姆斯特丹。结果，比利时的定位自然就是：在美丽的比利时境内，有五个阿姆斯特丹。

比利时"有五个阿姆斯特丹"定位的三个重点是：第一，它将比利时与游客心智中原有的目的地阿姆斯特丹联系在一起，起到了借势效果；第二，《米其林旅游指南》在游客心中早有地位，因此这个定位非常可信；第三，五个三星级城市使得比利时成了一个旅游价值高于荷兰，实实在在可以花些时间旅游的目的地。

比利时的新定位广告播出后，引起了很大的反响，游客纷纷打电话去询问。最有意思的是，荷兰旅游局打电话给比利时旅游局局长，愤怒地要求对方取消广告。显然，比利时的这个定位实在是很有威力。

比利时的新定位原本可以产生更大的成果，可惜比利时管理当局因怕得罪了荷兰，后来没有坚持下去。

危地马拉

在大多数人心目中，危地马拉除了是中美的一个穷国之外，就没有其他概念。这样的认知，显然无法为危地马拉吸引足够多的旅游者并振兴经济。

实际上，危地马拉是一个有着丰富遗产的国家，它是玛雅文化的中心，在西班牙人到来之前它有着南北美最先进的文明。甚至在今天，危地马拉的1 300万人口中还有44%是玛雅人的后代，很多人仍在说玛雅语。危地马拉拥有1万英尺的高山和500年未变的文化，它是旅游者的天堂。危地马拉到处都是壮观的玛雅遗址，城市、庙宇、房屋、运动场都是辉煌历史的遗迹。危地马拉有着所有世界级旅游胜地所想拥有的一切，唯一缺少的就是游客。因为这一切并未进入游客的心智，所以这些巨大的遗产就仅仅是遗产而已，并未转化为资本或精神财富，可以说是纯粹的废墟而已，所以很少有人知道或是关心这个国家。

危地马拉应该如何重新定位？毫无疑问应该从它的玛雅文明入手。危地马拉是玛雅文明的中心，这个定位将给危地马拉带来大量游客。但问题在于，尽管危地马拉是玛雅文明的中心，但伯利兹、萨尔瓦多、洪都拉斯西部和墨西哥南部也都有玛雅遗址。另外，通常意义上的中美七国除了危地马拉、伯利兹、萨尔瓦多、洪都拉斯之外，还包括哥斯达黎加、尼加拉瓜和巴拿马。危地马拉应该如何从这些国家中脱颖而出？

任何市场上的领导品牌，其最重要的特征就是占据着所代表品类的字眼，反之，想成为领导者就要在品牌的一系列战略决策中围绕这一特征进行。其中品牌的命名又是战略决策中最重要的环节之一，尤其当这个产品是一个国家的时候就更是如此，它将引发全世界的极大热情与关注。把国家的品牌名字由危地马拉（Guatemala）改为危地玛雅（Guatemaya），就是这样一个关键的战略决策。新名字使危地马拉占据了玛雅这一定位，同时也作为一个记忆工具帮助将玛雅人和拥有最壮观的玛雅石器的国家联系在一起。

然而，新定位的执行并不容易，毕竟这牵涉到改变国家名字，这是一个政治问题。新定位获得了危地马拉企业界的广泛赞同，但要变成现实存在很大的困难。

秘鲁

秘鲁是一个位于南美的拥有2 700万人口的国家，它的问题是无法吸引到足够多的旅游者，它每年只吸引到40万游客。这个现象很奇怪，因为秘鲁是马丘比丘的家乡，马丘比丘是与泰姬陵、埃菲尔铁塔和埃及金字塔齐名的世界著名的旅游地。

秘鲁所要做的，是从单一宣传马丘比丘的思维转到对整个国家的宣传上来。如果法国吸引游客的地方只有埃菲尔铁塔，那么法国就无法吸引太多游客，即便埃菲尔铁塔很吸引人，亦不足以促成一趟巴黎之行。对马丘比丘来说也是一样，虽然它是个壮观的景点，但只此一个是不值得来一趟秘鲁之行的。

另外，如果一个国家要吸引游客，就需要一个单一的焦点。法国就有一个单一焦点——巴黎。在巴黎，除了埃菲尔铁塔，还有很多其他的景点可以游玩。对于秘鲁人来说，类似的东西在哪里呢？"秘鲁的巴黎"在哪里呢？就在库斯科市，那里有很多可以游览的地方，包括马丘比丘。秘鲁能将库斯科市作为"秘鲁的巴黎"进行推广吗？当然不可能。这个名字太糟糕了，它听上去像是意大利甜点或者更糟，而且库斯科市在世界上也不那么有名。进一步说，"库斯科"这个名字并不意味着这座城市有着重要的历史背景。

库斯科真正的光芒是什么？库斯科是印加文明的中心，它是印加人的故乡。秘鲁需要做的是把这座城市的名字换掉，取一个能够反映它真正的遗产（印加之乡）的名字，那就是"印加之城"（Ciudad de las Incas）。当游客到达印加之城后，那里有很多可以游览的地方，包括马丘比丘这样的壮观遗址。

美国

自"9·11"事件之后，美国国内一方面存在一股彻底铲除基地组织的愿望，另一方面还存在着一股"何至于此""美国怎么了"以及"世界究竟怎样看待美国"的反省思潮。从而美国出现了一半人仇恨布什，另一半人则爱戴他的冷热各半格局。在此背景下，美国国务院在进行了大量全球调查工作的基础上，2003年年底请来"定位之父"杰克·特劳特思考美国的国家品牌打造和定位难题。

那么，如何为美国这个品牌定位呢？任何定位课题，都是从顾客已有的心智认知开始的。特劳特指出，大量的调查结果显示，美国在世界民众心智中的既有认知是一致的——"世界上唯一的超级大国",这就是美国现有的国家品牌定位。这个定位当然蕴涵了许多负面的因素,很容易使人联想到另一个概念:唯一的霸权。任何市场上只要出现一家独大的局面,不但顾客与经销商强烈地需要有替代者上场,以增加选择范围和扩大自由度,从而对一家独大的品牌产生抵制与不满,而且在企业内部一家独大也会自然滋生出自大、自满,从而使其走向保守而骄横的道路。比如将如此复杂而丰富的世界简单二分化,同意结盟反恐即为友,反之则为敌。特劳特指出,既然恐怖主义是以全人类为敌,那么就应该人人得而诛之,那么为什么美国需要四处寻求盟友的支持?甚至连欧洲的老盟友也被美国惹恼了。特劳特认为这真是美国的耻辱。

解决之道在于,回归到市场领导者所应采取的正确战略上来。任何市场领导者都应当以整个品类的繁荣与壮大为己任,也就是说美国应该发挥领导力量,培育市场,做大市场。美国应该将现有的顾客认知("世界上唯一的超级大国")重新定位为:推动人类进步的最大力量,为世界变成更安全、更自由、更繁荣之地而贡献最大力量。

如果定位仅停留在概念层面,那是毫无作用的,建立定位需要一系列的战略取舍,企业如此,对国家而言也是如此。可惜美国的政治与政策与这一定位仍然背道而驰,这样也就不用奇怪美国在全球人心智中的好感度为何继续下滑了。不论是一个企业还是一个国家,只要在人们心智中的地位开始下滑,其麻烦必将接踵而至,而且资产规模越大,麻烦也就越大。

POSITIONING

后　　记

TCL、长虹与联想为什么不听忠告

　　转瞬间TCL手机像流星一般从高空坠落，2003年还有7.84亿港元的净利润，2004年即报出2.24亿港元的亏损。三年前，本书中的报告曾指出它"像一架不符合力学原理却在高空飞行的飞机"，其时TCL手机正如日中天，高居国产手机第一的位置，且利润十分丰厚。TCL集团未及时对手机战略予以调整，却全力发动恢宏的"龙虎计划"，加强多领域业务的推进。且不论其企业资源是否能确保多行业领域的竞争优势，依本书所言，单就众多产业共用TCL品牌这一项设计，就已经制约了手机、电脑等后发事业单位的竞争力。

　　另一个更为典型的例子是长虹。1997年长虹最为辉煌时，净利润达到26.10亿元人民币，是"产业报国"的排头兵，其社会影响力及商业成功，都远超今天的联想（联想2004~2005财年净利才达11.2亿港元）。就在1997年10月，长虹空调问世，悲剧从此开始。按常理论，长虹空调的推出一定会提高企业的整体营业额才对，这是长虹当时决策的理由与目的。可是自增加这个新的事业单位以来，长虹的营业收入不升反降，利润开始连年大幅度下滑，从1997年的26.10亿元人民币下滑至2003年的2.06亿元人民币，2004年更惊曝巨额亏损36.81亿元人民币。从表面上看，长虹2004年巨额亏损的直接原因似乎是APEX欠款收不回来。然而更深层的原因在于，长虹空调破坏了长虹品牌在顾客心智中代表"彩电"的认知，心智资源受损，从此逐渐失去竞争力。竞争力丧失，体现在营业上则是连年歉收，赢利能力降低，最后为了停止下滑不得不进行涉外的赊销。可惜长虹的新政是在原来错误战略之下继续破坏品牌，甚至越行越远。

竞争力之困

比照三年前，本书中的报告当初论及过的许多企业，由于品牌运营欠佳，已普遍体现出了企业竞争力缺陷。当年耗费巨资投入的品牌，像银得菲、顺爽、第五季等，如今都被不幸言中基本走向了消亡，海王、丝宝、健力宝这些企业则因此元气大伤，特别是健力宝，几乎整个被第五季拖垮。科龙从郎顾之争闹到严顾之争，本书中的报告三年前曾指出其内部阶梯的品牌战略架构行不通，这导致企业经营违背外部顾客心智，失去竞争力和利润，从而使危机以一种极端方式体现了出来。三年前娃哈哈高调进入童装，如今也已遭受挫败，其"非常可乐"品牌，则因战略设计缺乏国家心智资源支持，逐渐沦为可口可乐、百事可乐两家的铺路石。还有小天鹅、熊猫、上广电、CECT等，这个名单实在太长，只要读过本书并有心去和实际相对比，就会发现这些企业因为品牌经营不当，竞争力逐日受到重创。

用彼得·圣吉的一段话来描述中国企业界的现状，颇为恰当。他在《第五项修炼》中谈道：**也许在适者生存的法则下，像这样不断地汰旧换新，对社会是好的**，因为这可把经济土壤重新翻过，重新分配生产资源给新的公司与新的文化；**然而对员工与企业主而言，却是痛苦的**。但是，如果高死亡率不只是那些体质不良的企业才会面临的威胁，而是所有企业都会面临的问题时，怎么办？如果即便目前最成功的企业，其实还是很差劲的学习者，怎么办？

就如联想、海尔这样的中国最优秀企业，不仅正在犯错，而且还是差劲的学习者。联想手机似乎从TCL手机的衰落中得到了直接好处，正被一个财季的赢利激励得高歌猛进，本书作者曾两次在央视《对话》节目中直接提醒过柳传志先生，如今更担心手机势必会累及联想在顾客心智中代表"电脑"的心智资源，像长虹般从一个强势品牌沦落为赢利能力衰弱的泛泛名牌。三年前本书中的报告亦指出，海尔手机与海尔电脑只是美丽陷阱，事实上果然落败。但是海尔似乎并未从中学习到什么，正以屡败屡战的精神和更大的气势卷土重来……

许多优秀的企业未能意识到危机根源，而且不少媒体和业界人士亦对此懵然不察。以春兰为例，它多年来追求规模而大肆多元化，主要利润却一直来自在消费者心智中已不占强势地位的空调，而作为集团支柱的制冷设备上市公司，净利润逐年下滑：2001年2.19亿元，随后降至1.20亿元、0.62亿元，2004年仅800万元。

2005年5月，瑞士洛桑管理学院发布全球竞争力报告，中国竞争力从24位急挫至31位，引起国人一片哗然。先是不信，后是质疑，直到一批清醒的知识分子如吴敬琏等出来证实，才开始普遍地进入反思。

在中国正式加入WTO那一刻，几乎所有的中国企业都必须在全球一体化的大市场背景下，思考如何重新定位。否则没有任何一家"杂货店"能够保持住原有的竞争力，更不用说提升竞争力打入世界市场了。

品牌利器

这令人想到美国和日本近20多年来的沧海浮沉。1980年，日本企业横扫全球，忧心如焚的美国国家广播公司发出疑问：日本能，为何我们不能？20年后，日本经济深陷泥潭，美国重新傲立潮头，两位深具使命的日本竞争战略专家（其一为原日本通商产业省副局长）协助迈克尔·波特完成了专题研究之作——《日本还有竞争力吗？》。

彼得·德鲁克说，没有发展落后的国家，只有管理落后的国家。在发达国家近几十年的成败经验中，是管理技术的创新在推动经济和社会发展。如果说1980年之前的20年，是"全面质量管理"技术令第二次世界大战后的日本从一无所有到如日中天，1980年后的20年，另一项管理技术使美国再次将日本抛到了后面——那就是品牌打造。

从《商业周刊》连续评出五年的全球百强品牌来看，自2001年以来，美国每年独占榜单半数以上排名，而日本只能有六七名左右。品牌打造的成功，使美国企业在全球化中体现出了强劲的竞争优势，赢得市场和溢价，提升了国家经济和竞争力。美国在管理上超出了日本注重产品的经营，以品牌经营之道重获强势，品牌成为新商业时期冲出竞争重围的利器。定位，则是打造品牌的核心技术。当定位于1969年在美国被率先提出时，原本是广告业用以打动顾客的传播与沟通技术。然而就像制药业的革新源自遗传学、微生物学技术而非源自制药业本身，知识经济时代导致一个行业产生革命性变化的往往不是本行业的技术，定位很快被引用至整个营销领域，并最终在企业战略层面大放异彩，引发了一场管理界的新革命，直接导致了迈克尔·波特竞争战略的开创。波特在论文著作《竞争论》导论中，回顾了自己理论的发展历程，阐明对定位的研究是其竞争战略思想的起点和动力。

竞争的本质是打败对手赢得顾客，定位正是解决企业如何在行业中赢取顾客的课题。它提出，企业或其业务单元必须以品牌在顾客心智中立足，所属产品或服务才有被顾客优先选择的可能。一个企业要在行业中确保有竞争力，其品牌就必须在顾客心智中确立优势定位。定位理论第一次解释了可口可乐只不过是销售很容易仿制的糖水，却为什么能创造出如此惊人商业价值，并连续多年高居世界第一品牌的原因，因为"可口可乐"品牌在大众心智中的可乐阶梯上占据首位，拥有"可乐"的心智资源，从而在竞争中被消费者优先选择。

摩根士丹利发现了这一点，在波特发表其主要论文《什么是战略》时，及时推出评论文章《迈克尔·波特重申特劳特和里斯战略思想》，同时指出波特在实战中尚有弱点——未能完全把握心智，从而使竞争优势的论题太过复杂而不具实际操作性。回到定位，则一切就变得简单明了：企业或业务单元的竞争优势，在于其品牌定位所形成的心智资源，使品牌能始终抓住某行业的顾客，成为企业或业务单元竞争力的来源。可口可乐的竞争优势，在于它多年来的定位经营，使品牌拥有了"可乐"心智资源。同样，百事可乐在竞争中的优势是"年轻人（可乐）"，佳得乐的竞争优势在"运动（饮料）"，红牛的竞争优势在于"能量（饮料）"。这些品牌拥有的心智资源，是各自企业生产力的根源。

以定位打造品牌的技术，很快被传至欧洲。德国国家的竞争力，得益于各行各业的"隐形冠军"，它们在竞争中的赢利能力很强。所谓隐形冠军，是指这些企业不是被广为认知的多元化大企业，而是定位于专门行业，在专业顾客心智中建立了品牌，成为各行业中的第一选择。德国两大高级轿车品牌，更是因为遵循了定位规律而获成功，奔驰拥有"声望"的心智资源，宝马的竞争优势在于"驾驶"。

日本在与美国企业的较量中，也开始意识到引入定位技术的重要性。在汽车领域，日本汽车并没有和美国的大汽车做正面竞争，而是反其道而行，以小型车成功攻入美国汽车的堡垒。《商业周刊》2005年全球十大最有价值的品牌中，丰田取代奔驰入榜，就是利用奔驰推出小型车损害其"声望"定位的契机，实现了超越。索尼在备尝品牌延伸之苦后，终于在游戏市场开创了新品牌play station，结果大获成功，成了索尼整个企业目前得以幸存的主要利润支撑。

发展中国家印度，数年前开始用定位技术来打造国家品牌。当时政府对公关公司说明任务：希望无论何时人们想到印度，就立刻想到软件而不是大象。印度前总理瓦杰帕依1998年将这一重新定位的任务列入了施政纲要。未及10年，印度如愿以偿，在全球公众心智中占据了一个具有巨大潜在价值的国家心智资源：软件。如今印度软件出口额占全球市场份额的20%以上，美国客户购买的软件产品有60%是印度制造。更重要的是，软件带动了相关产业，印度正逐渐走向一个IT超级大国。

师人长技

品牌是竞争的利器，定位使产品、企业乃至国家品牌拥有心智资源和竞争力，这是本书主张在中国引进"定位"技术和倡导企业从产品经营升级为品牌经营的原因。诚如主办本次报告演讲的《中国企业家》杂志社社长刘东华先生所言，定位已经让美国企业界享受了几十年的恩惠（也包括欧洲和现在开始的日本与印度），如今是该隆重地把它推荐给中国企业和企业家的时候了。

中国企业还普遍缺乏这种竞争技术和品牌素养，第一点可以学习的，是商业竞争中企业组织或其业务单元以品牌创造和争夺顾客，品牌是竞争的基本单位。所以企业战略规划应以业务单元的竞争战略为先导，企业战略支持业务单元的品牌打造，而不是相反。像TCL手机事业部，本身没有解决品牌及竞争定位问题，无法在顾客心智立足，再恢宏的"龙虎计划"亦无济于事。同样，长虹空调、联想手机除了纠正品牌延伸之错，还必须为各自产品在行业竞争中寻找到定位机会，界定顾客心智资源，才有成功的可能。企业战略规划应自下而上，其目的是合理配置资源，确保业务单元竞争战略的实现，在顾客心智中建立品牌。

第二点可以学习的，是品牌建立在国家或区域心智资源之上，才有先天性的强势竞争力。本书下篇所举王老吉品牌实践即是一例，它在温州等地区已超过可口可乐，成为罐装饮料第一品牌。蒙牛的崛起也是很好的例子，它和伊利一起倡导内蒙古"大草原产好奶"，为呼和浩特赢得了"中国奶都"的心智资源，从而使自己迅速超越了原来的市场老大——上海光明。此外本书所述的中国白酒、黄酒、陶瓷、茶叶、丝绸、美食与中药，以及山西酿醋、金华火腿等领域，均有打造强势中国品牌的无限机会。

第三点可以学习的，是走出战略趋同。本书始终强调，竞争优势是品牌有别于对手的定位强势，奔驰在于"声望"，宝马长于"驾驶"，沃尔沃强于"安全"。商业竞争中的标杆学习和战略仿效，造就了大批跟随者，这样只会成就领导者，而长期来说对领导企业和整个国家产业群的竞争优势形成却是大害。类似中国家电企业的多元化大串联，实质上使许多专业品牌泛化成了家电品牌，战略向海尔趋同，终于使各品牌成为二流、三流海尔，成就了海尔"中国家电第一品牌"的地位。少数像格力这样的品牌，能保持空调或某专业定位，即可在自身领域保持竞争优势，胜出海尔。专业化品牌打造，一方面为国内企业走出同质恶性竞争指出了方向，另一方面作为后发国家瓦解先行国家多元企业的战略模型，近年来IBM的个人电脑、西门子手机的剥离即是启示。

第四点可以学习的，是围绕定位展开运营取舍与配称，可以极高地提升企业绩效。由于不能定位经营，企业将付出巨大的人、财资源和时间、机会成本。神州数码曾经是中国IT业拔尖的明星企业，这些年在网络、软件上花费了极多资源，并刻意淡化了分销业务。结果多年来，神州数码在主业上不知错过了多少做强做大的机会，各新领域亦受主业心智资源拖累所获无几，企业迅速在业界走向了边缘化。就算要进入多领域，神州数码也没有及时启动新品牌，没有在新产业确立起与众不同的定位，也就无从根据定位做出取舍与战略配称，从而也就不可能高效运营和形成可持续竞争优势。作者曾亲历一家服饰企业的发展，一方面该企业积极引进定位技术打造品牌，围绕定位配置资源并展开取舍与配称，另一方面亦是得益于行业领导者的经营涣散，两年内便超过了曾经一家独大的对手，成为休闲服饰新的龙头企业。除此之外，定位经营有助于企业明确规划，避免不必要投入。作者担任顾问的另一家大型汽车企业，由于有了明确的定位，从而清晰预期到未来发展，仅削减不必要的车型开发计划，就直接节省了几十亿元人民币的投资。

第五点，也是最重要的一点，企业是社会的组织，归根到底要对社会中的人负起责任，中国企业应学会以正确的战略造就人才。当企业普遍忽略竞争战略而事先规划战略向下驱动时，这种自上而下的战略模式，使得企业首脑很少能反思战略规划出了问题，通常是归罪于外或责之于人。须知，战略的最大作用恰恰在于确保竞争获胜，从而将对手逼至"扎硬营，打死仗"的穷困境地，使本企业的潜在人才因取胜而得以激励，最终成为栋梁之材。在大批企业丧失竞争力的情形下，埋没与折损英才的悲剧故事，无时无刻不在无声中惊心动魄地上演，当真是"战略失当累死千军"。

几年前康佳刚进入手机领域时，曾希望作者为其提供咨询服务，得到的建议如同对待红塔木地板一样：反对进入不合适的事业领域，如若强行进入也必须启用新品牌，以保证不累及主业。当时负责康佳营销的副总裁言，他无权改变董事局的决议，该如何办？作者主张他最好辞职。不久这位副总裁果然辞职了，他是对的。

2005年8月23日于浦东

致　谢

　　在这里要说一些读者可以不读的话了。

　　首先要感谢吴老（吴敬琏先生）。写一段书评固然容易，但要读完一本专业著作之后再写书评，对于平日本来就只争朝夕的吴老来说，已是十分不易，何况本书再版前夕，全球金融风暴正烈，略知吴老的人也会知道此时吴老时间的紧缺程度了。虽寥寥数语，本人已感弥足珍贵，更何况，这一段书评，已把握住全书的主旨。

　　其次要感谢的是张五常老师。我并非张老师的学生，但认真读过他的书和文章，以至于苏大姐（张老师的夫人）对我说，张老师非常欣赏我，夸我很厉害，说："邓先生对我所有的啲（广东话"东西"的意思，这里指书与文章）怎么这么熟！"

　　苏大姐说，别看他平日似乎狂放洒脱，实际骨子里忧国忧民，这段时间以来，因为全球金融风暴，搞得接连睡不着觉。我原本想力邀张老师为书作序及题写书名的，虽然苏大姐说张老师对王老吉这个品牌极有感情，但听说这样的情况，我决定不烦请张老师作序了，只请他题写书名就好，心想写写字也有利于放松休息。作为制度经济学的创始人，他的观察与评判，当然值得重视。"美国为什么要放弃自由市场的信仰，而采取他们一向最为反对也明知后患无穷的政府救市？正是因为美国的劳工法及工会势力，导致美国的劳动力工资缺乏向下的弹性，如果政府不救市，企业不能实施为了自救而采取的大降薪、大裁员，大量的企业就只有破产一条路可走，其结果必然是失业率直追1929年大萧条时的25%，甚至有望超过。"（大意，非原语）这里将张老师最关切的问题引述传播一下，以资为谢。

还要感谢与致歉的是为本书撰写读后感或书评的众多知名企业家。感谢他们对本书及作者本人一直以来的信任、支持与鼓励！他们的文章大多因本书篇幅所限，只能摘录其中一小段，甚至一两句而已，在此致歉。而更多的结合各个具体企业谈定位与品牌的心得部分，未能收录，我个人认为是个损失，但愿今后有机会将之结集成册。

最后，要感谢我的夫人——皓子，是她能让我十多年如一日全心全意地专注于我自认为意义重大的工作，从没让家庭事务占用我多少精力，甚至包括养育、教育孩子这样的事。当然，本书远非我一人的作品，作品上部，我只是一个演讲者，文稿由我的合伙人陈奇峰修订而成，下篇更是几个合伙人及助手多年实践的结果。在这里，对他们的贡献一并感谢！

2008年11月于浦东

附录A

定位思想应用

定位思想
正在以下组织或品牌中得到运用

· 王老吉：6年超越可口可乐

王老吉凉茶曾在年销售额1亿多元徘徊数年，2002年借助
"怕上火"的定位概念由广东成功走向全国，2008年销售额达到
120亿元，成功超越可口可乐在中国的销售额。

· 东阿阿胶：5年市值增长15倍

2005年，东阿阿胶的增长出现停滞，公司市值处于20亿元左
右的规模。随着东阿阿胶"滋补三大宝"定位的实施，以及在此
基础上多品牌定位战略的展开，公司重回高速发展之路，2010年
市值超300亿元。

......

红云红河集团、劲霸男装、鲁花花生油、香飘飘奶茶、AB集
团、芙蓉王香烟、美的电器、方太厨电、创维电器、九阳豆浆机、
HYT、乌江涪陵榨菜……

· "棒！约翰"：以小击大，痛击必胜客

《华尔街日报》说"谁说小人物不能打败大人物?"时，就是指
"棒！约翰"以小击大，痛击必胜客的故事。里斯和特劳特帮助它
把自己定位成一个聚焦原料的公司——更好的原料、更好的比萨，

此举使"棒！约翰"在美国已成为公认最成功的比萨店之一。

• **IBM：成功转型，走出困境**

IBM公司1993年巨亏160亿美元，里斯和特劳特先生将IBM品牌重新定位为"集成电脑服务商"，这一战略使得IBM成功转型，走出困境，2001年的净利润高达77亿美元。

• **莲花公司：绝处逢生**

莲花公司面临绝境，里斯和特劳特将它重新定位为"群组软件"，用来解决联网电脑上的同步运算。此举使莲花公司重获生机，并凭此赢得IBM青睐，以高达35亿美元的价格售出。

• **西南航空：超越三强**

针对美国航空的多级舱位和多重定价的竞争，里斯和特劳特将它重新定位为"单一舱级"的航空品牌，此举帮助西南航空从一大堆跟随者中脱颖而出，1997年起连续五年被《财富》杂志评为"美国最值得尊敬的公司"。

……

惠普、宝洁、通用电气、苹果、汉堡王、美林、默克、雀巢、施乐、百事、宜家等《财富》500强企业，"棒！约翰"、莲花公司、泽西联合银行、Repsol石油、ECO饮用水、七喜……

附录B

企业家感言

如果说王老吉今天稍微有一点成绩的话，我觉得我们要感恩方方面面的因素，在这里有两位大贵人，这就是特劳特（中国）公司的邓德隆和陈奇峰。在我们整个发展的过程中，在每一个非常关键的时刻，他们都出现了……其实，他们在过去的将近十年里一直陪伴着我们前进。

——加多宝集团（红罐王老吉）副总裁　阳爱星

特劳特战略定位理论能帮你跳出企业看企业，透过现象看本质，从竞争导向、战略定位、顾客心智等方面来审视解决企业发展过程中的问题。特劳特，多年来一直是劲霸男装品牌发展的战略顾问；定位理论，多年来一直是劲霸男装3 000多个营销终端的品牌圣经。明确品牌定位，进而明白如何坚持定位，明确方向，进而找到方法，这就是定位的价值和意义。

——劲霸男装股份有限公司总裁　洪忠信

邓德隆的《2小时品牌素养》是让我一口气看完的书，也是对我影响最大的书，此书对定位理论阐述得如此透彻！九阳十几年聚焦于豆浆机的成长史，对照"定位理论"，竟如此契合，如同一个具体的案例！看完此书，我们更坚定了九阳的"定位"。

——九阳股份有限公司董事长　王旭宁

定品牌，是市场竞争的基石，是企业基业长青的保证。企业在发展中的首要任务是打造品牌，特劳特是世界级大师，特劳特的定位理论指导了许多世界级企业取得竞争的胜利，学习后我们深受启发。

——燕京啤酒集团公司董事长　李福成

定位已经不是简单的理论和工具，它打开了一片天地，不再是学一个理论、学一个原理，真的是让自己看到了更广阔的天地。

——辉瑞投资公司市场总监　孙敏

好多年前我就看过有关定位的书，这次与我们各个事业部的总经理一起来学习，让自己对定位的理念更清晰，理解更深刻，对立白集团战略和各个品牌的定位明朗了很多。

——立白集团总裁　陈凯旋

在不同的条件下、不同的环境中，如何运用定位理论，去找到企业的定位，去实现这个战略？我觉得企业应该用特劳特的方法很好地实现企业的战略，不管企业处于哪个阶段，这个理论越早用越好。

——江淮动力股份公司总经理　胡尔广

定位的关键首先是确立企业的竞争环境，认知自己的市场地位，认清楚和认识到自己的市场机会，这样确定后决定我们采用什么样的策略，这个策略包括获取什么样的心智资源，包括如何竞争取舍，运用什么样的品牌，包括在品牌不同的生命周期、不同的生命阶段采用什么样的战术去攻防。总之，这是我所经历的最实战的战略课程。

——迪马实业股份公司总经理　贾浚

战略定位，简而不单，心智导师，品牌摇篮。我会带着定位的理念回到我们公司进一步消化，希望能够借助定位的理论帮助我们公司发展。

——IBM（中国）公司合伙人　夏志红

从事广告行业15年，服务了100多个著名品牌，了解了定位的相关理论后，回过头再一看：但凡一个成功的企业，或者一个成功的企业家，都不同程度地遵循并且坚持了品牌定位理论的精髓，并都视品牌为主要的竞争工具。我这里所说的成功企业，并不是所谓的大企业（规模巨大或无所不能），而是拥有深深占领了消费者心智资源的强势品牌的企业。这样的成功企业，至少能有很好的利润、长久的生存基础，因而一定拥有真正的竞争优势。

——三人行广告有限公司董事长　胡栋龙

定位理论对企业的发展是至关重要的，餐饮行业非常需要这样一个世界顶级智慧来做引导。回顾乡村基的发展历程，我已领悟到"定位"的重要性，在听了本次定位课程之后，有了更加清晰的认识和系统的理论基础，我也更有信心将乡村基打造成为"中国快餐第一品牌"！

——乡村基国际餐饮有限公司董事长　李红

心智为王，归纳了我们品牌成长14年的历程；心智战略，指明了所有企业发展的正确方向；心智定位，对企业领导者提出了更高的要求。知识性企业的时代来临了。

——漫步者科技股份公司董事长　张文东

定位的本质是解决占有消费者心智资源的问题。品牌的本质是解决心智资源占有数量和质量的问题。从很大意义上来说，定位是因，品牌是果。定位之后的系统整合和一系列营销活动，实

际上是在消费者的大脑里创建或强化一种心智模式，或者是重新
改善对待品牌的心智模式。当这种心智资源被占有到一定程度
（可用销量或市场占有率来衡量），或心智模式已在较大市场范围
明确确立时，则形成了品牌力，而品牌力即构成了竞争力的核心，
品牌战略则是有效延续和扩大核心竞争优势的方针性举措。

——奇正藏药总经理 李志民

消费者"心智"之真，企业、品牌"定位"之初，始于"品
牌素养"之悟！

——乌江榨菜集团董事长兼总经理 周斌全

盘点改革开放30年来中国企业的成长史，对于定位理论的研
究和运用仍然凤毛麟角。企业成败的案例已经证明：能否在大变
动时代实现有效的定位，成为所有企业面临的更加迫切的问题。
谁将赢得下一个30年？就看企业是不是专业、专注、专心去做自
己最专长的事！

——西洋集团副总经理 仇广纯

格兰仕的成功印证了"品牌"对于企业的重要价值，能否在
激烈的市场竞争中准确定位，已成为企业生存发展的关键。

——格兰仕集团常务副总裁 俞尧昌

定位经典丛书

序号	ISBN	书名	作者
1	978-7-111-57797-3	定位（经典重译版）	（美）艾·里斯、杰克·特劳特
2	978-7-111-57823-9	商战（经典重译版）	（美）艾·里斯、杰克·特劳特
3	978-7-111-32672-4	简单的力量	（美）杰克·特劳特、史蒂夫·里夫金
4	978-7-111-32734-9	什么是战略	（美）杰克·特劳特
5	978-7-111-57995-3	显而易见（经典重译版）	（美）杰克·特劳特
6	978-7-111-57825-3	重新定位（经典重译版）	（美）杰克·特劳特、史蒂夫·里夫金
7	978-7-111-34814-6	与众不同（珍藏版）	（美）杰克·特劳特、史蒂夫·里夫金
8	978-7-111-57824-6	特劳特营销十要	（美）杰克·特劳特
9	978-7-111-35368-3	大品牌大问题	（美）杰克·特劳特
10	978-7-111-35558-8	人生定位	（美）艾·里斯、杰克·特劳特
11	978-7-111-57822-2	营销革命（经典重译版）	（美）艾·里斯、杰克·特劳特
12	978-7-111-35676-9	2小时品牌素养（第3版）	邓德隆
13	978-7-111-66563-2	视觉锤（珍藏版）	（美）劳拉·里斯
14	978-7-111-43424-5	品牌22律	（美）艾·里斯、劳拉·里斯
15	978-7-111-43434-4	董事会里的战争	（美）艾·里斯、劳拉·里斯
16	978-7-111-43474-0	22条商规	（美）艾·里斯、杰克·特劳特
17	978-7-111-44657-6	聚焦	（美）艾·里斯
18	978-7-111-44364-3	品牌的起源	（美）艾·里斯、劳拉·里斯
19	978-7-111-44189-2	互联网商规11条	（美）艾·里斯、劳拉·里斯
20	978-7-111-43706-2	广告的没落 公关的崛起	（美）艾·里斯、劳拉·里斯
21	978-7-111-56830-8	品类战略（十周年实践版）	张云、王刚
22	978-7-111-62451-6	21世纪的定位：定位之父重新定义"定位"	（美）艾·里斯、劳拉·里斯 张云
23	978-7-111-71769-0	品类创新：成为第一的终极战略	张云

推荐阅读

"隐形冠军之父"赫尔曼·西蒙著作

隐形冠军：未来全球化的先锋（原书第 2 版）
ISBN：978-7-111-63479-9
定价：99.00 元
作者：[德] 赫尔曼·西蒙（Hermann Simon）
　　　[德] 杨一安

全球化之旅：隐形冠军之父的传奇人生
ISBN：978-7-111-68111-3
定价：89.00 元
作者：[德] 赫尔曼·西蒙（Hermann Simon）

定价制胜：科学定价助力净利润倍增
ISBN：978-7-111-71323-4
定价：69.00 元
作者：[德] 赫尔曼·西蒙（Hermann Simon）
　　　[德] 杨一安

价格管理：理论与实践
ISBN：978-7-111-68063-5
定价：89.00 元
作者：[德] 赫尔曼·西蒙（Hermann Simon）
　　　[德] 马丁·法斯纳赫特（Martin Fassnacht）

关键时刻掌握关键技能